Solucionando los problemas

de pareja y familia

Fundamentos teóricos y alternativas de solución a los conflictos desde la perspectiva del vínculo

JESÚS VARGAS Y JOSELINA IBÁÑEZ

EDITORIAL
PAX MÉXICO

❦

COORDINACIÓN EDITORIAL: Matilde Schoenfeld
Portada: Luis R. Vargas y González

© 2006 Editorial Pax México, Librería Carlos Cesarman, S.A.
Av. Cuauhtémoc 1430
Col. Santa Cruz Atoyac
México, D.F. 03310
Teléfono: 5605 7677
Fax: 5605 7600
editorialpax@editorialpax.com
www.editorialpax.com

Cuarta edición
ISBN 968-860-797-5
Reservados todos los derechos
Impreso en México / Printed in Mexico

Índice

Introducción

La importancia de la familia radica en que, en una sociedad como en la que vivimos, el ser humano nace, crece, se desarrolla y emerge de ella para formar una nueva. El ser humano toma de su familia los estilos de resolver problemas, el modelo de familia, lo que es una mujer, un hombre, el noviazgo, el matrimonio y la forma de criar a los hijos. La familia, los compañeros, la educación formal, los medios de comunicación masiva y el sujeto son algunos elementos que influyen en forma determinante en lo que es el sujeto.

Cada uno de estos factores tiene un grado de importancia diferente, lo cual depende de las circunstancias; pero no es difícil suponer el grado de importancia que tiene la familia, la cual transcurre en la línea del tiempo sin detenerse. A una familia sigue otra y luego otra. Cada una vive su momento según las circunstancias sociales que le toca vivir, aunque en este espacio de tiempo cada elemento de la familia se comporta de modos diversos. Algunas veces la familia se estabiliza de acuerdo con las normas sociales, progresa y cada uno de sus miembros, en ciertas circunstancias, lleva a cabo una vida tranquila y socialmente normal. En otras ocasiones, el orden va trastocándose y crea familias caóticas, en las que los padres no se hacen cargo de los hijos, ni de la pareja, ni de la familia entera.

Todo lo anterior crea un conjunto infinito de combinaciones que determinan la singularidad tanto de la familia como del sujeto. A su vez, el sujeto, al interactuar con el ambiente donde se desarrolla, actúa de diferentes maneras y agrega complejidad a las posibles combinaciones. En este sentido, cada generación va comportándose de una manera determinada y transmite su conducta a la siguiente. Pero dicha conducta no está exenta de cargas emocionales que influyen de modo negativo o positivo en la siguiente generación. Por lo tanto, estudiar a la familia implica necesariamente, desde este punto de vista, analizarla en su conjunto, es decir, estudiar al padre, a la madre y la historia familiar, que influyen en la actualidad a pesar de la distancia temporal.

El objetivo del presente libro es revisar completamente la investigación actual que existe acerca de la familia y pareja desde una perspectiva intergeneracional. Para ello, en el capítulo 1 se hace un breve estudio sobre el origen, funcionamiento y funcionalidad de la familia. Generalmente, la familia, constituida por una pareja monógama e hijos en común, es lo más natural y llegamos a pensar en que es la única forma valedera de organización social. En este capítulo se demuestra que la familia, como la conocemos en la actualidad, es una forma que los seres humanos hemos encontrado para la reproducción ordenada y la seguridad de que sobrevivirá la prole.

En el capítulo 2, se presenta un breve conjunto de teorías psicológicas que explican la dinámica familiar desde una perspectiva intergeneracional. Esto da pie para escribir el capítulo 3, donde se hace una completa revisión de trabajos de investigación sobre la familia y la pareja desde la misma perspectiva. Al presentar esta información analizamos los trabajos desde una perspectiva metodológica. Posteriormente, en el capítulo 4 examinamos el conflicto marital a la luz de las teorías sobre familia de algunos autores relevantes. Para ello, el hilo conductor de dicho análisis es el ciclo de la pareja, tema principal del capítulo 5. En el capítulo 6, presentamos un conjunto de casos tomados de la consulta clínica llevada a cabo a lo largo de muchos años.

Uno de los puntos importantes es el análisis funcional del caso, en el que es formulada una serie de hipótesis que explican el fenómeno de la relación de pareja. A partir de este análisis conceptual, planteamos una alternativa de solución. A manera de conclusión, se presenta un conjunto de conceptos que pueden servir como categorías conceptuales para el análisis posterior de la familia y la relación de pareja.

Capítulo 1

La función social de la familia

Como una manera de cumplir con el objetivo del presente trabajo, presentamos una introducción del surgimiento de la familia como organización social humana que se desarrolla a partir de la necesidad de sobrevivencia y reproducción de la humanidad. En este capítulo estudiamos a la familia según la evolución humana, así como reproductora de las condiciones sociales, y al final hacemos una breve descripción de la familia en los diversos ciclos vitales.

La familia en su desarrollo social

La familia como institución social es el resultado de la interacción del hombre con su medio, tanto natural como social y económico. La evolución social da como resultado diversas formas de organización, una de las cuales es la familia, que surge al crearse la división del trabajo, la propiedad privada y el Estado como rector del comportamiento social y económico del hombre (Engels, 1972). El objetivo del presente capítulo es describir la aparición de la familia como una forma de estructura social de reproducción biológica y social.

La historia del hombre sobre el planeta es relativamente reciente si tomamos en cuenta otras especies de animales, como los reptiles o los insectos, que tienen millones de años. De acuerdo con los arqueólogos, la especie denominada *homo sapiens sapiens*, a la que pertenecemos, surgió apenas hace aproximadamente 100 000 años. Antes hubo una serie de homínidos que evolucionaron de alguna forma hasta dar como resultado esa especie que se remonta hasta los 5 millones de años (Leakey, 1981).

Tomando en cuenta lo que sabemos de historia del hombre, difícilmente podemos remontarnos más allá de 10 000 años, cuando el hombre descubrió la agricultura: "Los frutos de la llamada revolución agrícola de hace 10 000 años alimentaron el crecimiento de la población mundial y a concentraciones de población. A medida que las aldeas se convirtieron en ciudades y las ciudades en Estados, los seres humanos cayeron en el conflicto y la confrontación" (Leakey, 1981, p. 23). Se considera que esta revolución agrícola abarcó casi todos los continentes, pues se encuentran vestigios de este fenómeno tanto en Europa como en Asia y América. Antes de eso, sólo existen hallazgos muy aislados acerca del comportamiento del hombre y su organización social. Lo que se dice respecto al comportamiento de los hombres en esta época son sólo especulaciones. Por lo tanto, no queda más que hacer inferencias acerca de la manera como apareció la familia, basados en los datos disponibles y asumiendo el hecho de que son sólo especulaciones.

Cabe suponer que en esa época no existía la familia como la conocemos, sino que había contactos sexuales más o menos indiscriminados que sólo permitían el seguimiento de la descendencia por medio de la madre, pues resultaba imposible determinar quién era el padre, aunque algunos investigadores de la familia afirman que la monogamia siempre ha existido, ya que es necesario el trabajo tanto del hombre como de la mujer para alimentar y criar a la prole (Linton, 1987). En cuanto a la familia, Engels cita a Morgan de la siguiente manera: "Reconstituyendo retrospectivamente la historia de la familia, Morgan llega, de acuerdo con la mayor parte de sus colegas, a la conclusión de que existió un estado primitivo en el cual imperaba en el seno de la tribu el comercio sexual promiscuo, de modo que cada mujer pertenecía igualmente a todos los hombres y cada hombre a todas las mujeres" (Engels, 1972, p. 28). Sin embargo, organización social siempre ha habido, dado que la condición natural de los animales es la naturaleza, mientras que la del hombre es la sociedad. Pero dicha organización social no tenía la complejidad de la actual, sino que era más rudimentaria.

Imaginemos en qué condiciones vivía el hombre antes de la revolución agrícola: el hombre se dedicaba a la caza y las mujeres a la recolección. La caza no es una actividad con la cual se tenga mucho éxito diariamente, pero era importante porque sólo de esa manera se podía obtener proteína animal, indispensable para la sobrevivencia. La recolección es una actividad más segura porque depende de encontrar los árboles adecuados, pero también se agotan y hay que cambiar de sitio para buscar más fuentes de alimentación.

La sobrevivencia de las crías era algo con muchas dificultades por falta de alimentación, llena de peligros y enfermedades ante las cuales no existían muchas formas de resolución a pesar de que seguramente había un conocimiento de hierbas curativas. Ante esta situación, afirma Linton (1987), la única forma como se podía asegurar de alguna manera la sobrevivencia de la prole era con el gran esfuerzo del hombre, junto con el de la mujer: el hombre cazando y la mujer recolectando y cuidando a las crías. En estas condiciones, era poco probable que un hombre pudiera tener a su disposición a más de una mujer y viceversa.

De ese modo, cuando el hombre descubrió la agricultura, surgió la división del trabajo, es decir, el trabajo se dividió en diferentes actividades. Existe el agricultor, quien hace cestas; el brujo, que indica en qué momento se debe realizar la siembra y la cosecha debido a la consulta con las estrellas, con lo cual es diseñado de manera precisa el calendario solar. En fin, surgen diversos tipos de oficios y actividades, cada uno vital para la sobrevivencia del grupo y de la especie. La función de cada trabajo es cumplir con una parte de las actividades generales de la comunidad que le permita trabajar y progresar en grupo.

Debido a la maternidad, la mujer tiene que permanecer en la casa y no puede realizar trabajos pesados, por lo menos mientras dura el embarazo. De otro modo, sería poco probable que el hombre pudiera reproducirse y sobrevivir. Esto hace que el hombre salga a cazar y a sembrar la tierra. En este momento surge la propiedad privada. Cuando aparece esta forma de propiedad, también aparecen mecanismos sociales de protección y de sucesión de los bienes. Es decir, los hombres desean heredar sólo a sus hijos sus bienes, sus herramientas de trabajo y los conocimientos y secretos de su oficio o actividad. Engels dice acerca de este punto:

Así, las riquezas, a medida que iban en aumento, daban, por una parte, al hombre una posición más importante que a la mujer en la familia y, por otra, hacían que naciera en él la idea de valerse de esta ventaja para modificar en provecho de sus hijos el orden de herencia establecido. Pero esto no podía hacerse mientras permaneciera vigente la filiación según el derecho materno, sino que éste tenía que ser abolido y lo fue (Engels, 1972, p. 53).

Entonces, la única manera de asegurar que los niños que se procrean son biológicamente legítimos consiste en prohibir la relación sexual con otros hombres de la mujer o mujeres con quienes se reproduce. Tal prohibición asegura el parentesco genético. Con el tiempo, a dicha razón práctica se le cubrió con el manto de la moral y las amenazas de castigos divinos en esta vida y en la otra. Las razones prácticas se pueden diluir con el transcurso del tiempo, pero las razones morales son más duraderas y resistentes al cambio.

Por otro lado, cuando el hombre asegura su reproducción individual, le resulta difícil sostener relaciones con más de una mujer, debido a la escasez de recursos. Por ejemplo, entre los aztecas, cuando se encontraban en Tenochtitlan y ya estaban más organizados, los únicos que tenían varias mujeres eran los tlatoanis y los nobles. En algunas sociedades existió la poligamia como costumbre (por ejemplo, en lo que ahora es la actual Arabia), pero en realidad estas sociedades son raras. En ese momento surge la familia como una forma de reproducción biológica y social. Debido a que este tipo de organización fue exitosa y ordenada, aparecieron justificaciones religiosas, morales y sociales para propugnarla y fomentarla.

La forma de fomento y aliento de este tipo de organización social de reproducción va desde el hostigamiento económico y social a las personas solteras, hasta el aliento sutil acerca de las personas que no se casan para formar una familia "como debe de ser", porque no cumplen con las expectativas sociales. La familia, desde entonces y hasta ahora, se ha desarrollado con pocas diferencias en casi todas las culturas.

Debido al poco conocimiento, en general, de la historia de la cultura humana, se considera al matrimonio la forma natural y hasta divina de organización social. Quien no cumple con ello es porque no tuvo éxito en la vida.

Cuando un niño nace, se cierne sobre él una serie de expectativas de acuerdo con su sexo. Conforme va creciendo, se le van enseñando de manera formal, abierta, sutil y soterrada esquemas de organización y comportamiento que en general se cumplen, aunque esto sea difícil debido a que las expectativas acerca del matrimonio y la familia son demasiado románticas e irreales. Sin embargo, los lazos sociales, morales y religiosos que se tienden alrededor del matrimonio y la familia son lo suficientemente fuertes para resistir los embates de la monotonía, la incomprensión y el desamor que llega, en ocasiones, a dominar a los dos integrantes de un matrimonio con el paso de los años. Aunque en la actualidad, debido a los cambios sociales que existen, la posibilidad del divorcio ha aumentado.

Para vivir en sociedad es necesario que existan reglas que permitan la convivencia y el desarrollo de las actividades productivas. Cuando un comportamiento es negativo para la realización de este objetivo, es castigado; de la misma manera, cuando es considerado positivo y productivo, se le premia y fomenta. Sin embargo, la sociedad no sólo se limita a enseñar los diversos comportamientos de esta manera, sino que, para su mantenimiento, cubre con el ropaje de la moral y del pecado los comportamientos negativos con el fin de tener un control que el individuo lleve dentro, es decir, un control interior de los sujetos. De esta forma, se estima pecaminoso matar, debido a que es poco práctico para la convivencia. Pero también existen calificaciones de pecado e inmoralidad a comportamientos como el incesto y las relaciones sexuales premaritales y extramaritales. Esto ayuda al control social.

La familia como reproductora de las condiciones sociales

Como observamos, la familia como institución tiene funciones sociales muy importantes, entre otras, la reproducción de la sociedad. Las personas no nacen de la nada, sino dentro de una familia, la cual vive, a su vez, en condiciones sociales, culturales y económicas determinadas. Estas condiciones influyen en sus expectativas, en su estilo de resolver los problemas, en sus aspiraciones y planes para el futuro.

Entonces, cuando nace un nuevo miembro de la familia, lo primero a lo que damos atención es al sexo del bebé. En cuanto es conocido, formulamos una serie de planes y expectativas acerca del futuro entero del niño o niña. Los padres establecen metas a largo plazo. Si es niño, cabe pensar en que va a crecer fuerte físicamente, de recio carácter, inteligente y dominante. Si es niña, podemos pensar en que va a ser bella físicamente, inteligente y con objetivos vitales determinados por los padres o el esposo o por su papel de madre. Estas expectativas no son gratuitas ni surgen, nuevamente, de la nada, sino que están determinadas por las condiciones sociales mencionadas.

En general, esperamos que el niño supere las habilidades del padre, que sea mejor que él, que se dedique a cierta actividad. Pero finalmente se enseña al niño un lenguaje, una serie de normas de convivencia social, determinada forma de comportarse ante sus mayores, ante el sexo opuesto y ante los diversos agentes sociales.

Como vimos también, la construcción del sujeto depende del mismo y del ambiente. Por lo tanto, lo que el niño aprenda con su familia dependerá del tipo de enseñanza que reciba, así como de la manera particular como él asuma dicho aprendizaje. Esto es, en parte, lo que da lugar a la variedad de resultados con los diversos hijos que integran una familia. Algunos de los hijos pueden dedicarse sólo a ser diletantes, es decir, fracasados sociales y problemáticos mientras que otros podrían ser trabajadores y constantes.

De esa manera la familia tiene, entre otras, la función de reproducir a la sociedad, lo cual hace desde el punto de vista no sólo biológico, sino también desde el de las condiciones sociales, religiosas, morales, culturales y económicas.

Análisis de las relaciones de pareja en las diversas etapas del ciclo vital

Para analizar la relación de pareja, lo que nos interesa en particular, debemos de concebir a la familia como un eterno círculo. Las familias son constituidas cuando se forma una pareja, tienen hijos, que van influyendo en la relación marital, luego los hijos crecen, se convierten en adolescentes, buscan una pareja, se casan, se convierten en adultos dentro de la familia, tienen hijos y así sucesivamente. Esto es lo que algunos autores llaman *el ciclo de la familia* (Haley, 1976). El punto por donde empiece el análisis es, por lo tanto, completamente arbitrario.

Comenzaremos por el nacimiento. Como dijimos en líneas anteriores, el niño nace dentro de una familia que conserva un lenguaje, una clase social, tradiciones, cultura y todo el bagaje social predeterminado. Pero la característica que deseamos resaltar en esta etapa de la vida del niño es su dependencia absoluta y total. Un bebé no es capaz de protegerse y cuidarse ni en lo más elemental. En esto se diferencia del resto de los animales. Una víbora recién nacida es capaz de sobrevivir por sí misma y un caballo se incorpora inmediatamente después de nacer, para correr y huir de los depredadores. Pero el ser humano no es capaz de sobrevivir si no se encuentra dentro de un núcleo social, cualquiera que éste sea.

En lo primero que ponen atención los padres al nacer el niño es en el sexo que tiene. En el momento en que se sabe cuál es el sexo del niño, es proyectado todo un plan de vida. Es decir, los padres se forman muchísimas expectativas acerca de lo que esperan que el niño haga a lo largo de su vida. Si es niño, esperan que sea sano, que adquiera carácter y habilidad para afrontar la vida, tal vez que estudie algo (claro que esto depende del tipo de familia en la cual nazca), que se case, tenga hijos, compre una casa, se eleve por encima del nivel social en el que nació, y muchas otras cosas. Si es niña, esperan que sea delicada, que use ropa de acuerdo con su sexo, que crezca con ciertas características de personalidad (cariñosa, perceptiva, etcétera), que se busque un buen muchacho, se case, tenga hijos, etcétera.

Estas expectativas que los padres hacen alrededor de sus hijos son importantes, porque de una manera no muy clara y que requiere más investigación alientan a los niños a que cumplan dichas expectativas. Por otro lado, estas expectativas también son una fuente de conflicto cuando los padres quieren de forma perfeccionista que se cumplan al pie de la letra.

El siguiente paso es aquel en el que el niño, al crecer, empieza a independizarse. Comienza a caminar y, lo más importante, a comunicarse en forma social, es decir, empieza a hablar. En el momento en que empieza a establecer comunicación verbal, la aculturación del niño ocurre de modo más formal (Watzlawick, 1986). Sin embargo, debemos reconocer que la educación del niño comienza desde el inicio de la vida. Es importante la relación que existe entre la madre y el niño en el momento de la alimentación, en el cambio de pañales, cuando el niño llora, etcétera. Existen muchos estudios acerca de algunas formas en que ocurre esta intercomunicación. Algo interesante es la manera como las características particulares del niño interactúan con las de la madre. Por ejemplo, existen niños muy llorones, lo cual provoca reacciones de rechazo por la madre, mientras que niños quietos provocan otro tipo de reacciones de las madres (Verinis, 1976). Aquí vemos cómo la construcción de la personalidad del niño está en función tanto de éste como de su ambiente.

Al seguir creciendo el niño, también crecen sus habilidades motrices y verbales. Comienza a caminar, por lo cual puede desplazarse cada vez con más destreza por el ambiente que habita. En ocasiones los pleitos de los padres se centran en la manera de criar al niño. El mismo nacimiento del niño modifica la relación de sus padres, como lo veremos más adelante.

Llega el momento en que el niño comienza a asistir a la escuela, lo cual es un paso muy importante, porque el niño empieza a establecer ligas de dependencia social y emocional con agentes externos a la familia (Laing y Esterson, 1990). Esta situación puede traer consecuencias negativas cuando los padres, en especial la madre, no desea que sufra ninguna influencia aparte de la suya. Entonces la madre puede crear una actitud en el niño que sólo tenga en cuenta las opiniones maternas, sobre todo en lo que respecta a la moral. Aquí también influyen las características particulares del niño, pues los sumisos se adaptan a las circunstancias, mientras que otros se sublevan de diferentes maneras que van desde la confrontación abierta y que causa muchos conflictos, hasta la soterrada, que se independiza en su forma de pensar sin que nadie se percate de ello. Esto depende del lugar que el hijo ocupe en la familia, de su sexo y de la dinámica familiar en general.

De ese modo, el niño va creciendo en torno de la familia y de la escuela. Su lugar y papel que tiene en la familia depende de muchísimas variables, como el lugar que ocupe entre los hermanos y el tipo de familia en la que haya nacido. Algunas familias muy unidas hacen todo juntas, desde las actividades escolares, las de limpieza y aseo hasta las de diversión. En otras la dispersión es la característica y los términos medios, pero el niño siempre termina por adaptarse a su ambiente y, en ocasiones, hasta a sacarle el mayor provecho posible.

El individuo llega a la adolescencia con un antecedente cultural importante y desempeña su papel según el ambiente en que haya crecido. En el campo y las zonas rurales, la adolescencia es casi inexistente porque los niños pasan a ser hombres en un solo paso, por lo que no es raro encontrar niñas de 17 o 18 años casadas y con dos o tres hijos (Haley, 1980). En la ciudad, la prolongada educación hace de los adolescentes dependientes económicos y sociales; sin embargo, ésta es la etapa de la vida en la que empezamos a escoger pareja, lo cual nos hace interesarnos más en el tema que nos ocupa.

Escoger pareja es un proceso que se estudia de diferentes maneras. Por un lado, se dice que las parejas se escogen según la suerte que les toca. Por otro, se afirma que depende mucho de la educación de cada uno. En general, escoger pareja depende de estas dos circunstancias, es decir, depende tanto de las parejas que se encuentren disponibles, como del modelo de pareja que tenga el adolescente en mente, pero la suerte no es el elemento más importante en este proceso. No obstante, el modelo establecido puede tenerlo claro el sujeto o ser inconsciente.

Los modelos de comportamiento son tomados, evidentemente, de la familia en la cual se cría el niño. Por ejemplo, si el padre era violento en la resolución de sus problemas interpersonales, es probable que el adolescente lo sea también. Como se ha dicho, existen tres posibilidades de asumir un modelo de comportamiento. Una posibilidad es que se tome tal cual es, se asuma consciente o inconscientemente y se repita lo más apegado al pie de la letra; la otra posibilidad es que se tome el modelo diametralmente opuesto al establecido por los padres, porque se considera negativo; y la tercera posibilidad (la más rara) es que, a partir del análisis y la experiencia, se construya uno nuevo con base en el modelo experimentado.

De esa manera, el modelo de relación de pareja se va construyendo a partir de las relaciones de noviazgo; sin embargo, cabe aclarar que el comportamiento a lo largo de las diferentes etapas de la relación de pareja depende en gran medida de la etapa en que se encuentren. De esta forma, los adolescentes se comportan de novios como creen en ese momento que deben hacerlo. Una vez que se casan o formalizan su relación, cambia su comportamiento de la manera como creen que deben comportarse ahora ante la esposa o esposo. Esto llega a resultar en desconcierto y fuente de conflictos en la relación de pareja, porque, por ejemplo, la adolescente puede estar muy contenta con su relación de noviazgo debido a que su pareja es muy considerado y atento; pero al pasar el tiempo y casarse, se desconcierta mucho porque aquellas consideraciones y atenciones desaparecen. Esto puede hacer que acuse a su pareja de hipócrita; sin embargo, posiblemente ocurre que el muchacho se comportaba atento y considerado de novio porque así era como creía que debía ser su comportamiento, pero al casarse y modificarse los papeles debido al cambio social, el muchacho se comporta como cree que debe comportarse un marido con su esposa.

El momento para iniciar una relación de pareja es muy variable: hay adolescentes que a muy temprana edad buscan a su pareja y se casan, mientras que otros esperan hasta estar en condiciones sociales y económicas favorables para pensar en la posibilidad del éxito en su matrimonio. No obstante, existe una etapa en la vida para que exista la relación formal de matrimonio. En esta etapa depende la educación y la clase social a la que pertenece el individuo. Una persona con una carrera profesional no es vieja a los 25 años de edad para casarse, mientras que otra con apenas unos años de primaria terminados será una "quedada" a la misma edad.

En general, cuando un adolescente se involucra con su pareja, lo hace de forma tal que no le permite verle los defectos, las inconveniencias y no calcula las posibilidades de éxito o fracaso. En ese momento, su compromiso emocional lo impulsa a pensar sin titubeos en el éxito y la felicidad de la empresa y se lanza a realizarla sin más. Sin embargo, si este momento no ocurre, con el tiempo el involucramiento emocional ya no es el mismo. Conforme la persona va teniendo experiencia y madurando, reflexiona más antes de actuar o de tomar una decisión importante que afectará el resto de su vida. Por lo tanto, cuando se relaciona con alguien lo mide con más cuidado, lo observa, ve los pros y los contras y a partir de esto piensa en tomar una decisión perfecta. Pero como necesita que la relación tenga éxito, sin absolutamente ninguna duda, tiene miedo a equivocarse, lo cual provoca que posponga la decisión de manera indefinida. En ocasiones se pospone para siempre. Esto puede estar influenciado por el hecho de que se acostumbra a vivir sin pareja, probando las ventajas y deseando no deshacerse de ellas. Entonces, por un lado es el miedo a equivocarse y por el otro a no querer perder su condición de soltero con las ventajas que esto conlleva. Otra posibilidad es que el modelo de pareja que adquirió de sus padres sea tan desagradable, que decida no llevarla a cabo, y como no tiene a disposición un modelo diferente o más aceptable, evita el que tiene con la simple acción de no encontrar pareja y no casarse.

No obstante, la población se casa, a pesar de todo, en un alto porcentaje. El éxito de la empresa depende de varios factores. Uno de ellos es haber escogido adecuadamente a la pareja, que tenga gustos, defectos, proyectos de vida y educación afines. Otro factor son las habilidades de negociación para encontrar soluciones a los conflictos. Otro elemento es haber tomado la decisión a partir de una razón valedera como el grado de involucramiento emocional.

Cuando las personas se casan, pasan a una etapa diferente de su existencia: dejan de ser los adolescentes sin responsabilidades que eran para convertirse en parte de una organización social de la cual ellos son, por lo menos, 50% responsables de lo que ocurra. En esta etapa existe una fuerte influencia de la familia de origen. Los lazos no se rompen de manera abrupta y definitiva, sino que en ocasiones continúan siendo muy fuertes, como ocurre cuando el esposo sigue eslabonado a su madre y ésta le dicta las normas de comportamiento que debe tener dentro de su matrimonio. Esto llega a pasar cuando (aunque no siempre ni necesariamente), debido a condiciones económicas y sociales, la recién formada pareja se va a vivir con alguna de las familias de origen. La dueña original de la casa no desea ser desplazada en su papel directivo y asume el papel de continuar siendo la madre tanto de uno como de otro consorte. En otras ocasiones los lazos se van rompiendo poco a poco.

Uno de los factores que hacen que los lazos se transformen es el nacimiento de un hijo. Cuando nace el primer hijo y el matrimonio vive independientemente de las familias de origen, comienzan a establecerse fronteras más definidas entre la familia nuclear y las familias de origen. Sin embargo, las relaciones maritales se modifican. Estas modificaciones pueden traer serios conflictos. Durante los primeros tiempos del matrimonio, los individuos se entregan a su pareja y viven en función de ella, pero cuando nace un niño, ahora la madre no podrá prestar igual interés a su marido, quien tendrá que esperar a que se atienda al niño, antes de que lo atiendan a él. De la misma manera, el padre prestará más atención a su hijo que a su esposa. Generalmente esto logra superarse, pero aquellos que no logren madurar su relación, se sentirán desplazados y crearán conflictos exigiendo la misma atención que antes. No obstante, en general, el nacimiento de un niño crea un foco de atención lo suficientemente fuerte para desviar la atención de otro tipo de problemas.

Un bebé hace que surjan muchas actividades en torno a él, como cuidarlo, alimentarlo, llevarlo al médico, etcétera, lo que hace que se integre a los conflictos de la pareja, es decir, los problemas se triangulan con él. Generalmente la madre siente la dependencia absoluta que tiene el bebé y lo disfruta; pero cuando el niño crece, se independiza un poco y comienza a ir a la escuela, pueden iniciar las dificultades en la familia, ya que se comienza a perder control sobre el niño.

Dificultades mayores pueden surgir cuando los niños se convierten en adolescentes. En este momento, comienzan a identificarse con agentes externos a la familia y a planear independizarse. Cuando la madre es muy posesiva y pone todas sus expectativas vitales en su hijo, puede comenzar a manipular la situación para que no tenga determinada novia o que se involucre con otra de su preferencia. Sin embargo, el choque más fuerte es cuando el hijo sale del seno familiar, ya sea para casarse y vivir en otro lugar, o al irse a trabajar o a estudiar a otra ciudad. Entonces el papel que desempeñaba el hijo mayor puede pasar al siguiente hijo o hija.

Existen familias en las que el papel parental es dejado en manos de los hijos. El padre puede hacerse a un lado en cuanto a las responsabilidades de la familia y ocupar su papel, por ejemplo, uno de los hijos, quien no necesariamente es el mayor. Este hijo parental cumple con todas las actividades de padre, esposo y dirigente del hogar. Se relaciona con la madre como si fuera el esposo: se le sirve de comer, se platica con él, se le toma parecer en las decisiones que ella tome, se le piden permisos, etcétera. Cumple con todas las actividades, menos con la sexual, que corresponde al padre. También existe la contraparte con alguna de las hijas: es quien discute con el padre las decisiones importantes en la casa, el consuelo cuando éste se encuentra deprimido y quien lo regaña cuando se porta mal. Igualmente, cubre todas las actividades, menos la sexual.

Cuando los hijos se casan, la dinámica familiar cambia. A pesar de que los hijos fueron creciendo y haciéndose cada vez mayores, aún las discusiones de los padres giraban en torno a los hijos. Pero ahora las discusiones se vuelcan en la pareja. Por lo general se sienten lo suficientemente viejos para divorciarse y emprender la búsqueda de una nueva pareja, por lo que terminan aguantándose y tolerando a su cónyuge. Al final se dan cuenta de que el matrimonio es una excelente forma establecida de reproducirse y de estabilizarse social y económicamente, pero que cuenta con muchas desventajas, debido a la rutina y a las actividades llevadas a cabo por obligación.

Finalmente se llega a la vejez. Si la pareja sobrevivió y no se separó en el camino, la manera de relacionarse está tan conocida que ya saben la manera de pelearse, cómo pueden insultarse y hasta cómo pueden molestarse sin hacer muchos aspavientos. La convicción de cuidarse mutuamente es mayor durante esta etapa de la vida. En ocasiones se integran a la dinámica familiar los nietos, aunque, generalmente en la época actual, los nietos no buscan a los abuelos, ya que no viven cerca de ellos y en la ciudad se involucran mucho en sus propios problemas. Dependiendo de los problemas económicos, los abuelos viven en casa de los hijos y se integran a la dinámica familiar de la siguiente generación.

Las posibilidades de relación familiar son muchas, sin embargo, todas se mueven alrededor de una serie de normas sociales que existen cuando un niño nace dentro de una familia y que se van reproduciendo junto con la biológica, como vimos que lo afirman nuestros principios conceptuales. Sin embargo, la reproducción de la sociedad nunca es igual en cada generación, sino que cada una de ellas va imponiéndole su sello particular según la forma como se asuman las circunstancias en que se vive.

En ese sentido, entre la gran gama de factores que intervienen en el desarrollo de una familia a lo largo de generaciones, resulta interesante analizar el efecto que tiene la familia de origen sobre la

Capítulo 2

Aproximaciones teóricas de la dinámica familiar y de pareja

A pesar de su importancia, existen pocas aproximaciones teóricas que expliquen la forma como ocurre la dinámica familiar. Casi todas las teorías psicológicas están de acuerdo en la importancia del ambiente físico, social y familiar del ser humano para su formación y posterior desarrollo. En la familia aprendemos, de un modo u otro, los modelos que hemos de seguir en la adultez. Sin embargo, a pesar de este reconocimiento, existen pocas elaboraciones conceptuales que expliquen con precisión el fenómeno. En este capítulo presentaremos algunas aproximaciones que intentan hacerlo, para terminar con un análisis que dé claridad conceptual a este trabajo.

Aproximación de relaciones objetales de Framo

Framo (1996) plantea su teoría desde la perspectiva de las relaciones objetales. Parte de la posición de que cada miembro de la familia cumple ciertas funciones psíquicas para los demás, es decir, cada miembro de la familia satisface algunas necesidades emocionales de los demás, al crear una mutua interdependencia. Pero lo más importante es que lo ocurrido en la familia de origen se va transmitiendo a las siguientes generaciones: "Los conflictos intrapsíquicos provenientes de la familia de origen se repiten, se reviven, se crean defensas contra ellos o se superan en la relación con el cónyuge, los hijos o cualquier otro ser íntimo" (p. 129). Esto es un asunto lógico, ya que en la familia se nace, se crece y se aprenden casi todas las estrategias de afrontamiento y solución de problemas.

Dicho autor retoma la teoría de Fairbairn (1952) en la que la principal necesidad humana que sirve como motivación es la relación humana satisfactoria; el niño es la criatura terrestre más dependiente de la creación, por lo cual su sobrevivencia depende, de una forma total, de humanos adultos que le proporcionen un cuidado absoluto. En este sentido, el niño siempre va en busca del objeto, que es la relación o vínculo que establece con los cuidadores. Cuando el niño nace y las circunstancias son positivas, establece un vínculo y sentimiento de confianza básica que son las bases emocionales para hacer frente a la vida, retomando la teoría del vínculo de Bowlby. Si no ocurre así, el niño, "para sobrevivir, debe mantener el vínculo que le es vitalmente necesario y a la vez controlar afectos que son en particular devastadores para él —la experiencia, espantosamente aterradora, de su desintegración y muerte inminentes" (p. 130). La separación para el niño significa de modo literal la muerte, por lo que esta afirmación no es exagerada. Un niño no tiene posibilidades de plantearse de manera lógica su relación con sus padres, por lo cual no le queda más que plantearse esta posibilidad cuando es rechazado o maltratado.

De lo anterior se infiere que la angustia básica del niño es la de separación, pero si percibe en los padres rechazo o retraimiento, el niño se pondrá furioso porque es incapaz de renunciar a la figura externa o de modificarla, y entonces incorpora ese objeto necesitado y odiado a la vez a fin de controlarlo dentro de su mundo psíquico interno. "Estos objetos externos se conservan como introyecciones o representantes psíquicos de los objetos externos, y obran como modelos y patrones de las futuras relaciones íntimas" (p. 130). Pero estas introyecciones pueden dividirse en dos: por un lado están los objetos libidinales, que consisten —en el caso de la figura parental como de quien lo protege, conforta y ama de un modo incondicional— en ser gratificado su deseo de fusión regresiva; por otro lado están los objetos antilibidinales, figura parental que lo maltrata, descuida, niega su amor, amenaza con abandonarlo y se muestra crítico y hostil. Ambos aspectos son reprimidos, es decir, son introyectados en el inconsciente, pero permanecen ahí y tienen un efecto.

Todas las experiencias de la familia van a modular y organizar estos complejos intercambios. Los niños criados en un ambiente relativamente seguro podrán ser funcionales y amar y trabajar en un ambiente sano y productivo. Pero aquellos que fueron víctimas de grandes injusticias, o chivos expiatorios, o víctimas de engaños, etcétera, quedarán ligados a un mundo interno de objetos malos, lo cual tendrá una fuerte influencia en sus relaciones posteriores con la familia que más tarde formarán.

Cuando el niño crece, lleva internalizados estos objetos y tiende a ver el mundo desde esta perspectiva. Pero no se da cuenta de ello, sino conscientemente cree que el mundo es así y no se cuestiona su comportamiento ni la forma como reacciona ante los estímulos externos ni ante los demás con los que adquiere algún vínculo. Hasta cierto punto, cada ser humano tiende a ver a sus íntimos en función de sus propias necesidades, como portadores de sus características escindidas y denegadas. Las situaciones vitales no sólo se interpretan inconscientemente a la luz del mundo de los objetos internos, sino también "se efectúan intentos inconscientes para modificar las relaciones íntimas a fin de obligarlas a amoldarse a los modelos de rol internos –problema central de las dificultades conyugales–" (p. 132). Por ello, las personas con problemas emocionales graves, pero que tienen la autopercepción de ser sanas, no alcanzan a explicarse el por qué de sus fracasos por establecer un vínculo emocional productivo y emocionalmente satisfactorio.

Lo anterior también nos lleva a la selección de pareja, la cual no es casual, sino que

> los miembros de la pareja se seleccionan mutuamente sobre la base de redescubrir los aspectos perdidos de sus relaciones objetales primarias, que han escindido y que, al invo-lucrarse con su pareja, vuelven a vivenciar mediante la identificación proyectiva... *Por lo general las personas no eligen la pareja que quieren, sino que reciben la pareja que necesitan.* Se "escoge" una pareja que, según espera, permitirá al individuo eliminar, reproducir, controlar, superar, revivir o cicatrizar, dentro de un marco diádico, lo que no pudo saldarse internamente. Por consiguiente, los íntimos, la esposa y los hijos, etcétera, son en parte sucedáneos de antiguas imágenes, encarnaciones de introyecciones que permanecían enterradas desde mucho tiempo atrás (p. 133).

En este sentido, la pareja no es escogida "conscientemente", sino que su relación con el mundo objetal determina esta selección. Como ésta es inconsciente, los individuos se sienten en ocasiones desconcertados porque no encuentran la razón de que sólo se encuentren con parejas destructivas con las que establecen relaciones patológicas. Tal vez se den cuenta de esta tendencia, pero se les dificulta mucho controlarla. Saben el daño que puede traerles establecer relaciones de este tipo, pero son incapaces de controlarlo.

De esa forma, el individuo proyecta en sus hijos una parte escindida de sí mismo. Proyecta sobre sus hijos sus propias frustraciones, miedos e injusticias sufridas y de esta manera la transmisión intergeneracional sigue aumentando, porque tales relaciones que establecen con sus hijos afectan a éstos, los cuales toman dichos elementos para su ulterior reproducción con su sello personal.

El cuadro 2.1 muestra una representación gráfica de la teoría de Framo. Como puede verse, el centro de donde parte la conceptualización teórica es la familia. De ahí que los cuidados que el niño reciba o no determinarán el grado de introyección y represión de los objetos libidinales y antilibidinales. A partir de la modulación positiva o negativa que hagamos del ambiente, llevaremos a cabo la selección de una pareja que se adecue a las necesidades emocionales que tengamos. A partir de la selección de pareja, surgirá una nueva

Cuadro 2.1. Teoría de Framo

familia en la cual se vuelven a plantear los problemas de crianza, crecimiento y reproducción.

Aproximación conductual

La aproximación conductual del funcionamiento familiar tiene que ver directamente con el aprendizaje de estilos familiares. Cuando el niño nace, tiene muy pocas conductas aprendidas y sólo sabe mamar, llorar, defecar y desarrollar algunos reflejos más. Sin embargo, los reforzadores primarios se van condicionando con reforzadores secundarios, ya que el niño asocia la presencia de la madre con la aproximación de la comida, con el retiro de pañales sucios, etcétera. Es decir, los reforzadores primarios se van condicionando con la voz, la figura y, en general, con la proximidad de la madre y posteriormente del padre y de otros adultos (Bijou, 1978). De esta manera comienza el proceso de socialización en el niño, que implica una infinidad de situaciones que el niño va aprendiendo.

Una vez establecidos los reforzadores secundarios o sociales, se inicia, con el paso del tiempo, el aprendizaje tanto formal como informal. De esta manera, el niño comienza a caminar, a hablar, a tener control de esfínteres y posteriormente a ir a la escuela para lograr su educación formal. Pero dentro de la familia, las situaciones que vive cotidianamente el niño hacen que vaya aprendiendo –mediante un reforzamiento diferencial y por aproximaciones sucesivas–, las conductas que los padres, hermanos y demás comunidad familiar van enseñando (Skinner, 1976).

Este reforzamiento puede ser preciso, directo y propositivo, como cuando la madre aplaude al niño cuando aprende a controlar sus esfínteres. Pero también puede ser dado sobre conductas que los padres no desean y que refuerzan de manera accidental. Por ejemplo, si los padres no hacen caso al niño y éste presenta conductas perturbadoras, como llorar por todo, gritar, etcétera, y sólo así los padres atienden al niño y no lo hacen de otra manera, puede resultar que los aparentes castigos comiencen a funcionar como reforzadores y las conductas perturbadoras se incrementen en su probabilidad. Esto puede ocasionar el estupor en los padres que pierden el control sobre el niño. Pero la definición del reforzador está dada por su función y no por su calificación social, moral o por su topografía.

Otro proceso por medio del cual el niño aprende una conducta social es por imitación (Bandura, 1970). El niño observa cómo es el comportamiento de los que le rodean y posteriormente, cuando se encuentra en una situación similar, imita el comportamiento de lo que vio. Este proceso de aprendizaje es muy importante, pues permite conservar el recuerdo de lo aprendido de forma vicaria durante mucho tiempo hasta que exista la necesidad de la emisión del comportamiento. Este proceso requiere un mecanismo de almacenamiento de la información para su posterior recuperación, por lo que su interpretación conductual es dificultosa. De esta forma, si el padre acostumbra vociferar, maltratar o golpear para resolver un problema conyugal, puede ser que esto no les guste a los hijos. Sin embargo, este estilo se vuelve una situación tal vez desagradable, pero conocida. Posteriormente, cuando se casa el individuo y hay una situación similar, lo más probable es que, de una manera aparentemente automática, se presente el mismo estilo de comportamiento.

La importancia de la imitación como una forma de aprendizaje de comportamientos familiares complejos radica en la necesidad que el individuo tiene de resolver un problema que no se le había planteado antes y ante el cual no ha sido entrenado de un modo específico. Entonces, ante la falta de un repertorio definido y ante la necesidad de dar una respuesta satisfactoria, el sujeto emite la respuesta que observó y que daba una resolución, aunque no sea necesariamente la mejor. Por ejemplo, el niño observa que su padre se muestra, por un lado, sumiso ante el enojo de la madre y por el otro, cuando se encuentra fuera de la casa es un alcohólico. Este comportamiento tal vez el hijo no desee ejecutarlo por razones morales que se le enseñaron. Sin embargo, cuando la esposa le reclama algún comportamiento, con mucha probabilidad se mostrará sumiso, lo cual le causa ira interna y busca refugiarse de esto en el alcohol.

En general no existe mucha conciencia sobre esta repetición de estilos, y cuando se le indica al individuo, da una serie de razones de ellos. Por ejemplo, dice: "mi padre era alcohólico, pero yo no, porque él bebía brandy y yo sólo bebo coñac" o "me enojaba que mi padre golpeara a mi madre y fuera un irresponsable; pero yo no soy igual: a veces golpeo a mi esposa, pero tengo razones de peso para hacerlo y no he encontrado trabajo porque los patrones son muy exigentes". No obstante, cuando se hace un análisis cercano, es evidente la semejanza de estilos. Los hijos tienden a repetir, mediante la imitación, los estilos de comportamiento de sus padres de una forma más o menos automática. El uso del término *consciente* tiene una connotación diferente de la psicoanalítica. En este caso, decimos que algo es inconsciente cuando el sujeto no puede explicar, en forma verbal y explícita, las razones de su proceder.

El comportamiento que un individuo ejecuta en la familia tiene mucho que ver con lo aprendido. La postura conductual afirma que la mayor parte de nuestro comportamiento es aprendido. El aprendizaje que tenemos forma parte del repertorio conductual que el sujeto tiene a su alcance para resolver problemas de manera contextual. Es decir, el comportamiento ocurre ante un estímulo discriminativo que es la ocasión para que una conducta sea reforzada. En este sentido, en cada contexto, el sujeto tiene una serie de comportamientos ante las distintas situaciones en que se encuentra. Así, cada persona se comporta de acuerdo con el contexto; por ello, una persona se comporta de una forma distinta frente a sus compañeros que como lo hace frente a su familia. El comportamiento depende de lo que haya aprendido como lo "adecuado", es decir, la conducta que ha sido reforzada en este contexto.

En la siguiente página mostramos el cuadro 2.2 sobre la forma como la aproximación conductual explica el proceso de transmisión intergeneracional y la dinámica familiar. Se puede observar que el cuadro es mucho más sencillo que el anterior, pero explica algunos aspectos importantes.

Teoría de Chen y Kaplan

En un trabajo muy reciente, Chen y Kaplan (2001) plantean un modelo muy interesante para explicar el funcionamiento familiar. Específicamente, a ellos les interesa hablar sobre la transmisión intergeneracional de la paternidad positiva. De acuerdo con estos autores, existen cuatro mecanismos por medio de los cuales se lleva

Cuadro 2.2. Aproximación conductual

```
┌──────────────────────┐      ┌──────────┐      ┌────────────────────┐
│ Nacimiento del bebé  │─────▶│ Cuidado  │─────▶│    Asociación      │
│                      │      │ materno  │      │ entre reforzadores │
└──────────────────────┘      └──────────┘      │ primarios y        │
                                                 │ secundarios        │
                                                 └────────────────────┘
                                                          │
                                                          ▼
┌──────────────────────┐      ┌────────────────────┐
│  Selección de pareja │◀─────│  Socialización y   │
│  y formación de nueva│      │  aprendizaje de    │
│       familia        │      │  comportamiento    │
└──────────────────────┘      │      social        │
                              └────────────────────┘
                                        ▲
                              ┌────────────────────┐
                              │    Aprendizaje:    │
                              │ directo, moldeamiento,│
                              │  vicario y verbal  │
                              └────────────────────┘
```

a cabo la dinámica familiar: el estado psicológico, las relaciones interpersonales, la participación social y el modelamiento del papel específico.

Estado psicológico

Un concepto que desarrollan los autores es el de adaptabilidad o resiliencia, es decir, algunos adolescentes tienden a ser más optimistas y a adaptarse a las circunstancias según se les presentan. Si la situación es estresante, los sujetos con adaptabilidad tienden a verla de una forma tal que pueden manejarla. Cuando los padres tienen suficiente autoridad sobre sus hijos, éstos tienden a ser más maduros y adaptables. Los adolescentes con problemas de depresión prueban que sus padres les mostraron rechazo y falta de afecto en su primera infancia. Las primeras experiencias de rechazo parental se dirigen hacia el desarrollo de sentimientos de depresión, que a su vez contribuye a que estos hijos rechacen después a sus hijos en la próxima generación.

Los autores hacen una revisión de la literatura experimental, en la cual se demuestra que el afecto, la aceptación, el respeto y la autoridad de los padres están relacionados con el desarrollo de una buena autoestima por los adolescentes. En sentido contrario, la falta de apoyo y entendimiento parental, al igual que la devaluación por parte de los padres y el control sin afecto están asociados con el autorrechazo y la baja autoestima. Todo esto genera un estado de salud o patología psicológica. Cuando los padres tienen un estado psicológico sano, se relacionarán positivamente con sus hijos y les generarán una alta autoestima, mientras que un estado psicológico patológico creará rechazo y maltrato a sus hijos, lo cual causará a su vez una baja autoestima.

En este sentido, dichos autores establecen la siguiente hipótesis: "La experiencia de una buena paternidad en la adolescencia tendrá un efecto indirecto sobre la propia paternidad constructiva del individuo vía su relación en niveles más bajos de disturbio psicológico en cómo serán como padres" (Chen y Kaplan, 2001, p. 20).

Relaciones interpersonales

Otro concepto desarrollado en esta aproximación teórica son las relaciones interpersonales que se establecen en la infancia y que posteriormente van a determinar, como un reflejo, las relaciones posteriores de paternidad. Aquí el concepto central es el propuesto por Bowlby, expuesto en otra parte de este libro. Cuando el niño nace, crea un tipo de vínculo con sus padres, el cual, una vez internalizado, va a reflejarse en las relaciones interpersonales que se desarrollarán en la adolescencia y la adultez. Es decir, este modelo internalizado da la pauta para el tipo de relación que se establece con la pareja.

La persona busca como pareja a quien cumpla con las características del modelo internalizado. Este tipo de explicación vale también para las relaciones que posteriormente existirán cuando la persona tenga hijos y se relacione con ellos. Por otro lado, los autores toman en cuenta la plasticidad cerebral, además de que éste está en continua adaptación y, por lo tanto, en continuo cambio. En este sentido, las relaciones que posteriormente se tengan con otras personas se verán reflejadas también en las relaciones que se tendrán como padres. La cuestión aquí es causal y encadenada. En la medida en que se tengan buenas relaciones padre-hijo durante la infancia, se tendrán buenas relaciones interpersonales con las demás personas y esto a su vez retroalimentará sus relaciones maritales, las redes sociales, experiencias de trabajo y también las parentales.

Participación social

Este concepto tiene la misma lógica del anterior. En la medida en que se tiene una personalidad sana, igualmente se tienen buenas relaciones con la estructura social. Se forman redes de apoyo social en la escuela, la iglesia, el trabajo, etcétera. La participación social activa hace que más probablemente el individuo sea parte del orden convencional, que a su vez funciona como un control social que promueve la conducta parental convencional y restringe la conducta parental desviada. La paternidad constructiva también es resultado de experiencias de vida bien desarrolladas y bien informadas. En la revisión de la literatura experimental que los autores llevan a cabo se afirma que los padres que maltratan a sus hijos y tienen conductas de rechazo hacia ellos participan poco en la vida social de la comunidad.

Modelamiento del papel específico

Este último concepto se refiere a la postura de la teoría del aprendizaje, específicamente a lo que son las teorías del modelamiento como las de Bandura (1970), mencionadas en la aproximación conductual. El aprendizaje por medio del modelamiento es mucho más inconsciente que otros tipos de aprendizaje: ocurre cuando el sujeto observa un comportamiento y lo almacena en su aparato psíquico para ser utilizado posteriormente, de una forma más o menos automática.

Cuando el niño crece en el seno de su hogar, observa inevitablemente las formas de comportamiento familiar y aprende de manera vicaria modos y tipos de comportamiento sin que necesariamente medie la conciencia. Después dicho aprendizaje es aplicado más o menos automáticamente a sus estilos parentales.

Esta teoría no está suficientemente integrada en un todo coherente; más bien, es un conjunto de principios conceptuales de los que partimos para hacer un estudio al respecto. Toma en cuenta aspectos más bien de la teoría conductual para llevar a cabo una explicación de la transmisión intergeneracional. Sin embargo, destaca la importancia de estudios de este tipo y la forma como se maneja la transmisión intergeneracional en las investigaciones más recientes.

Teoría de Bowen

La teoría de Bowen sobre el funcionamiento familiar es una de las más importantes y parte de seis conceptos teóricos.

El primero es *la escala de diferenciación del self.* Según este concepto, Bowen parte del hecho de que algunas personas tienen una diferenciación del self muy elevada y otras la tienen muy baja. Quienes poseen una diferenciación elevada pueden ver las cosas de una manera objetiva, mientras que quienes la tienen baja se encuentran inmersos en un mar de emociones desde lo interno de la familia. Bowen dice que quien tiene una diferenciación baja no necesariamente es un ser patológico y viceversa, pero "las personas de la mitad inferior de la escala viven en un mundo controlado por las 'emociones', en el que los sentimientos y la subjetividad prevalecen sobre el proceso del razonamiento objetivo la mayor parte del tiempo. No distinguen los sentimientos de los hechos y basan sus decisiones vitales más esenciales en lo que 'sienten' como correcto" (Bowen, 1989, p. 191). Es decir, las personas con un self altamente diferenciado tienen una visión bastante objetiva de la situación y pueden hacer un análisis con más distancia, por lo cual sus decisiones pueden ser más acertadas, aunque no necesariamente. En cambio, las personas con poca diferenciación del self tienen más dificultades para tomar decisiones basadas en los hechos. Más bien, sus decisiones están basadas más en lo que "sienten" que en lo que piensan racionalmente. Esto puede causarles muchos problemas. Bowen establece una escala de 0 a 100, pero no de tal manera que en forma distinguible una persona sea catalogada en un punto sobre esta escala. Sin embargo, opina: "Todavía no hemos podido comprobar la escala en quienes poseen un nivel extremadamente alto, pero mi impresión es que 75 es un nivel alto y que quienes superan el 60 constituyen un porcentaje reducido de la sociedad" (p. 192).

En las relaciones interpersonales, las personas con un nivel de diferenciación alto se sienten más cómodas que las de nivel bajo.

> En las relaciones con los demás, las personas de la parte alta de la escala se ven libres para ocuparse en una actividad encaminada a metas o para perder self en la intimidad de una relación estrecha, a diferencia de las de la parte baja, que tienen que evitar las relaciones si no quieren deslizarse automáticamente hacia una fusión molesta, o no tienen más remedio que proseguir la búsqueda de una relación estrecha para obtener la gratificación de sus "necesidades" emocionales. La persona de la zona superior de la escala es menos reactiva a la alabanza o a la crítica y realiza una evaluación más realista de su propio self, a diferencia de quien pertenece a la zona inferior, cuya evaluación está ya por encima ya por debajo de la realidad (p. 192).

En términos generales, el nivel de diferenciación se refiere al nivel en que el sujeto se encuentra involucrado dentro del sistema familiar. Una persona con un nivel de diferenciación alto puede ver lo que ocurre en la familia desde una perspectiva distante y hacer un análisis más objetivo, mientras que una persona indiferenciada, cuando ocurre algún evento familiar, reacciona con cierta emoción, como coraje, resentimiento, o sentimiento de que las cosas no debieron ocurrir de esa manera. En la pareja siempre existe determinado nivel de indiferenciación, pero cuando es mucha, la persona reacciona muy intensamente a cualquier cambio que su pareja lleva a cabo y que la indiferenciada considera un alejamiento. Esto lleva a una exagerada dependencia que hace que el sujeto se sienta completamente incómodo y furioso por lo que el otro hace o deja de hacer. Por lo general, la dependencia es mutua, pero es mayor en la parte que resulta más afectada.

El segundo concepto es el *sistema emocional de la familia nuclear*: "Más recientemente se ha empleado la expresión *sistema emocional* para designar las mismas pautas emocionales triangulares que operan en todas las relaciones estrechas, con una expresión adicional que indica la localización del sistema, por ejemplo, un sistema emocional de la *familia nuclear*" (pp. 193-194). Este sistema emocional se realiza en tres áreas, donde se expresan los sínto-

mas: el conflicto conyugal, la disfunción de un cónyuge y la proyección sobre uno o más hijos. El conflicto conyugal ocurre cuando
uno de los miembros se niega a fusionarse con el otro o que ha
venido haciéndolo y ahora se niega. De cualquier forma, el conflicto consume gran cantidad de indiferenciación, lo cual significa que
los miembros de la familia que pierden diferenciación se vuelven
emocionalmente más dependientes uno del otro. Esto provoca que
uno de los cónyuges manifieste un síntoma: tal vez alguna enfermedad física desencadenada en forma emocional o un problema
psicológico, como una fobia o incapacidad psíquica. Por otro lado,
la tercera área existe cuando la indiferenciación se proyecta sobre
uno o más de los hijos.

El tercer concepto es el *proceso de proyección familiar,* en el que
los padres proyectan parte de su inmadurez sobre uno o más de los
hijos.

> La pauta más corriente es aquella en que un hijo es el receptor de una
> porción grande de la proyección, mientras que los otros niños quedan
> relativamente al margen. El hijo que se convierte en objeto de la pro-
> yección es el más apegado emocionalmente a los padres y el que ter-
> mina con un nivel más bajo de diferenciación de self. Un hijo que crece
> relativamente ajeno al proceso de proyección familiar puede emerger
> con un nivel de diferenciación básico más elevado que el de los padres
> (p. 195).

El cuarto concepto nos interesa particularmente porque es el *proceso de transmisión multigeneracional:*

> Este concepto explica la pauta que se desarrolla a través de varias ge-
> neraciones cuando los hijos emergen de la familia parental con niveles
> de diferenciación básicos más altos, iguales o más bajos que los padres.
> Cuando un hijo emerge con un nivel de self inferior al de los padres
> y se casa con una persona de igual diferenciación de self, y en este ma-
> trimonio se produce un hijo con un nivel inferior que a su vez se casa
> con otra persona de igual nivel, y de este otro matrimonio nace otro
> hijo con un nivel inferior que se casa a ese nivel, se crea un proceso que
> se mueve, generación a generación, hacia niveles de indiferenciación
> cada vez más bajos. Según esta teoría, los problemas emocionales más
> graves, como una esquizofrenia profunda, son el producto de un pro-
> ceso que se ha venido gestando, descendiendo a niveles de self cada vez

más bajos a lo largo de varias generaciones. Junto a quienes caen más bajo en la escala de diferenciación del self están quienes permanecen aproximadamente al mismo nivel y quienes progresan en su ascensión por la escala (p. 195).

En ese orden de ideas, el nivel de diferenciación no es transmitido automáticamente por medio de las generaciones, sino que surgen todas las posibilidades, las cuales dependen del lugar que ocupa el niño en el número de hijos, de su género, del momento familiar en que nació, de las propias características del niño y de una infinidad de factores. Dependiendo de estos factores, los niveles de diferenciación se irán incrementando o decrementando tal como se describió.

El quinto concepto teórico se refiere a los *perfiles de la posición entre hermanos,* concepto explicado en términos de las características de algunos de los hermanos que tendrán influencia en el crecimiento de los hijos. Es decir, si, por ejemplo, el hijo mayor tiene una diferenciación alta, esto tendrá influencia sobre el desarrollo de los hijos menores.

El sexto y último concepto tiene más bien implicaciones psicoterapéuticas y es el de *los triángulos.* En general, el desarrollo de la familia va ocurriendo por medio de triángulos. Bowen afirma que casi todas las relaciones surgen de esta forma. Cuando la tensión se incrementa, la pareja tiende a incluir en su relación a otra persona, que puede ser un hijo, el profesor del colegio, etcétera. Si la tensión es poca, la relación triangular se establecerá de tal forma que la tercera persona será considerada un extraño; pero cuando esta tensión se incrementa, tendemos a incluir cada vez más personas y a crear triángulos cada vez más complejos, con la finalidad de manejar la tensión. Los triángulos se multiplican en una familia grande y funcionan de tal modo que la familia se va dando apoyo emocional, lo cual depende del tipo de problema que enfrenten. Por ejemplo, cuando se porta mal uno de los hijos menores, tal vez alguno de los mayores decida apoyar a su madre en contra del menor. O tal vez decida apoyar al menor en contra de la madre.

De lo anterior se desprende que la teoría de Bowen implica un mecanismo interno de regulación que va estableciendo las pautas de comportamiento a lo largo de la vida. Lo aprendido en la niñez,

Cuadro 2.3. Teoría de Bowen

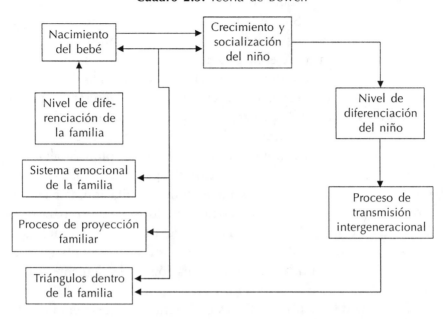

el tipo de familia y lo que el niño haya adquirido es con lo que llega al matrimonio, mezclándose con el aprendizaje de su pareja, adaptándose y formando un nuevo estilo de comportamiento que, a su vez, transmitirá a sus hijos.

> El grado de vinculación con los padres viene determinado por el grado de vinculación emocional irresuelta que cada padre tenía en su propia familia de origen, el modo de manejarlo los padres en su matrimonio, el grado de ansiedad experimentada en los momentos críticos de la vida, y en la manera de hacer frente los padres a esta ansiedad. El niño es "programado" en la configuración emocional irresuelta, la cual queda relativamente fija, salvo que se produzcan cambios funcionales en los padres (p. 250).

La teoría de Framo es muy interesante porque plantea la necesidad humana de cubrir requerimientos emocionales que lleva al niño a comportarse de manera determinada frente a la familia a través de las generaciones. El mundo de las relaciones objetales que plantea Framo es problemático porque resulta cuestionable un sistema inconsciente con poco sustento empírico. Otro problema de la teoría de Framo es que no destaca el papel del individuo en su formación y, como parte importante de su desarrollo, aquél sólo toma en cuenta el ambiente. Sin embargo, que resalte la interdependencia emocional de todos los integrantes de la familia da una aproximación más holística sobre el fenómeno. Por otro lado, es interesante la introyección de las relaciones que el niño logra desde el inicio de su existencia y la posterior influencia de esta introyección en la selección de pareja y en la manera como establece su familia. En este sentido, la teoría de Framo es digna de tomarse en cuenta.

La aproximación conductual explica de modo puntual algunos tipos de conducta. Sus conceptos teóricos permiten explicar algunos fenómenos. El más interesante es el de la imitación, la cual no requiere que la persona "se dé cuenta" de lo que ocurre para que el proceso se lleve a cabo. El reforzamiento puntual de algunos comportamientos explica que se creen estilos de conducta que posteriormente se utilizarán en la formación de la siguiente generación.

La teoría de Chen y Kaplan es un intento de integración de algunos conceptos de diversas teorías, principalmente conductuales. Su principal virtud es darnos una idea de la forma como se estudia en la actualidad la transmisión intergeneracional.

Sin embargo, la teoría más interesante de las planteadas en este capítulo es la de Bowen, la cual explica de manera más completa el fenómeno de la transmisión intergeneracional. El concepto más importante de la teoría de Bowen es la diferenciación del self. Este concepto resulta importante porque no es un criterio de madurez de la persona, o sea, a mayor diferenciación del self, mayor madurez. El concepto no funciona de este modo, pero las personas con un self más diferenciado pueden ver con mayor objetividad el mundo inmediato que les rodea, a diferencia de quienes tienen un self poco diferenciado, que viven en un mundo de emociones y responden al comportamiento de sus familiares según la emoción que les provoque. La selección de pareja es mejor explicada con esta teoría, así como la evolución que un matrimonio tenga dependiendo de la evolución del grado de diferenciación del self. Un problema de esta teoría es que no establece un criterio definido para colocar a un individuo en un lugar dentro del continuo diferenciación-indiferenciación. Al parecer, los criterios son establecidos por el terapeuta a partir de las observaciones en las entrevistas con el sujeto.

Como el nivel de diferenciación puede ser consciente para el sujeto, dicha teoría tiene en cuenta que el sujeto toma un papel importante en su formación. Es decir, el sujeto participa en la construcción de su personalidad. Casi todas las teorías resaltan la importancia del ambiente sobre el individuo, lo cual es cierto, pero también son importantes el papel de las características idiosincrásicas del sujeto y la forma como asume las variables ambientales dentro de su formación.

Por otro lado, un concepto derivado de la teoría de Bowen es que, dependiendo del nivel de diferenciación que tenga un sujeto, posee una *banda de comodidad*. Es decir, hay un límite de cercanía después del cual el sujeto se siente incómodo porque siente que su intimidad es invadida y podría perder su individualidad, además del miedo a que la otra persona la conozca a fondo y se aleje al conocerla. También hay otro límite exterior fuera del cual el sujeto se siente incómodo, debido a que tiene la percepción de que la otra persona está demasiado lejos, y por lo tanto, la está perdiendo. Tal pérdida representaría que la otra persona dejaría de satisfacer sus muchas necesidades emocionales.

Entre los límites en que la otra persona se encuentre, el sujeto se siente cómodo. Las personas con un nivel de diferenciación bajo tienen una banda de comodidad estrecha, de tal manera que continuamente la otra persona se sale de dicha banda. Casi cualquier conducta de alejamiento hace que la persona poco diferenciada sienta que se aleja demasiado, por lo cual jalonea a la otra persona. En cuanto está cerca, la persona poco diferenciada siente que está demasiado cerca, por lo que la empuja hacia fuera, pero la otra persona se sale de esta banda de comodidad. Las personas más diferenciadas tienen una banda de comodidad más ancha, de tal forma que no se sienten incómodas cuando la otra persona se aleja, porque sienten que respeta su independencia. Tampoco se sienten incómodas cuando la otra persona se acerca, debido a que como son individuos con más seguridad en sí mismos, no sienten invadida su intimidad. Pueden mostrar su intimidad sin mucho miedo y ansiedad sin sentirse invadidos o pensar que la otra persona se puede alejar debido a que la conoce a fondo.

Dicha teoría comparte con las anteriores los estados de ansiedad que aparecen según el grado de vinculación que se establece

Cuadro 2.4. Teoría de Bowen

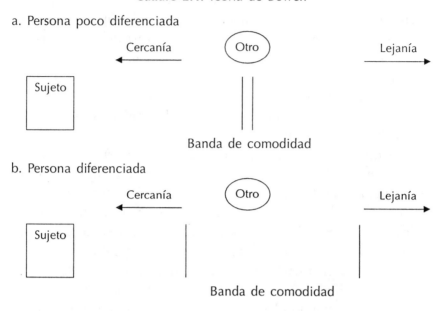

a. Persona poco diferenciada

Cercanía   Otro   Lejanía

Sujeto

Banda de comodidad

b. Persona diferenciada

Cercanía   Otro   Lejanía

Sujeto

Banda de comodidad

con los adultos. El niño intenta siempre crear el mayor grado de vinculación con sus padres, ya que de esto depende literalmente su sobrevivencia. Pero conforme crece, los vínculos tienen que evolucionar hasta que el sujeto se convierte en un ser humano relativamente autosuficiente en casi todos los aspectos vitales, como el económico, el social y el emocional. Sin embargo, esto ocurre pocas veces en nuestra sociedad, porque los vínculos con los padres se trasladan hacia la pareja y posteriormente hacia los hijos. Como el nivel de diferenciación no es criterio de madurez ni de patología, existen personas muy indiferenciadas que no tienen problemas de ajuste dadas las circunstancias en que viven. Sin embargo, como el medio social es en ocasiones cambiante y se requiere flexibilidad para ajustarse a nuevas circunstancias, cuando estos sujetos no tienen las habilidades necesarias para el ajuste, recurren a la patología como una forma de responder. De aquí la importancia de investigar la forma como surge la transmisión intergeneracional, para hacer un análisis más preciso en la psicoterapia y la búsqueda de soluciones dentro de un contexto conceptual más amplio.

Capítulo 3

Estudios sobre familia y pareja

La investigación sobre problemas familiares es extensa y, como se observa en la siguiente revisión, toda se encuentra en el idioma inglés. El objetivo del presente capítulo es hacer una exposición de la investigación familiar actual en referencia al tema del presente trabajo, la familia y la pareja. La mayoría de los estudios presentados tiene la tendencia a investigar la influencia de la familia sobre diferentes aspectos de la personalidad de los sujetos.

Dinámica familiar y adolescencia

Simons, Beaman, Conger y Chao (1992) presentan un estudio en el que establecen la relación que existe entre la forma como los padres ejercieron la paternidad y las creencias que los adolescentes tienen sobre la paternidad. Al respecto formulan una serie de hipótesis:

    a. Los adolescentes que han recibido una paternidad con apoyo creerán que la conducta paternal tiene un importante efecto en el desarrollo del niño.

    b. Las creencias de los padres acerca del impacto de la paternidad sobre el desarrollo infantil se transmitirán a sus hijos adolescentes indirectamente por medio de su nivel de paternidad con apoyo.

    c. Los adolescentes cuyos padres emplean una disciplina severa y punitiva serán más aptos que los adolescentes con padres que no usan tales procedimientos al reportar que el castigo corporal es un método disciplinario efectivo.

    d. Se espera que la influencia de las creencias disciplinarias de los padres sobre los niños sea indirecta con las prácticas disciplinarias de los padres.

    e. La asociación entre padre y madre con paternidad de apoyo y las creencias de los adolescentes respecto al impacto de la paternidad sobre el desarrollo infantil serán más fuertes entre las mujeres que entre los hombres.

    f. La asociación entre padre y madre con disciplina severa y las creencias de los adolescentes en la eficacia del castigo corporal serán más fuertes entre los hombres que entre las mujeres.

    g. Habrá una significativa correlación entre las creencias acerca de la trascendencia de la paternidad para pares de hermanas mujeres, al igual que una correlación significativa entre las creencias disciplinarias entre pares de hermanos hombres, mientras que se predice que no hay asociación significativa entre el impacto de las creencias tanto para pares hombres como del sexo opuesto de hermanos o entre las creencias disciplinarias para pares de mujeres o del sexo opuesto de hermanos.

Para probar estas hipótesis, dichos autores contactaron a 451 familias que tenían a los dos progenitores, en las cuales uno de sus hijos estuviera en el séptimo grado (aproximadamente primero de secundaria) y que tuvieran al menos dos hijos de diferente sexo. Las familias fueron visitadas en sus hogares, donde se les aplicaron los instrumentos de evaluación con papel y lápiz y fueron videograbados mientras realizaban una serie de actividades preestablecidas. Las evaluaciones con papel y lápiz valoraban, tanto en los hijos como en los padres, las dos variables establecidas: la educación con apoyo, junto con la creencia de que los padres tienen mucho que ver en la formación del niño, y la educación severa, junto con la creencia de que los golpes son recomendables para la educación. Las videograbaciones fueron codificadas y evaluaban las mismas variables.

    Los resultados muestran que las madres y los padres transmiten sus creencias a sus hijos adolescentes por medio de sus prácticas de paternidad. Los padres que aprobaban el castigo corporal tendían a ejecutar una disciplina severa y este estilo de disciplina estaba, a su vez, asociado con los adolescentes que aceptaban el castigo corporal como una estrategia de disciplina efectiva. Similarmente, los padres que creían que la paternidad tenía un efecto importante en el desarrollo infantil, con mayor probabilidad estaban involucrados y dando apoyo y, a su vez, los adolescentes aprobaban la idea de que la calidad de la paternidad influye en el desarrollo infantil.

Este trabajo resulta interesante porque los métodos de evaluación que se utilizaron incluían la videograbación. Por otro lado, este escrito demuestra la importancia del tipo de estilo parental respecto a la visión que tienen los adolescentes. Los procesos mediante los cuales se hace esta transmisión están sujetos a discusión, lo cual depende de la perspectiva teórica, pero la familia, de una manera u otra, transmite los valores que posteriormente utilizará el sujeto en su vida adulta. Ahora bien, es de notar que la transmisión se hace según el sexo de los hijos. Debido a los diferentes papeles tanto biológicos como sociales que se desempeñan, la familia cría también de diferente manera tanto a hombres como a mujeres.

Dinámica familiar en relación con las abuelas

Otro estudio en el que se hizo una investigación sobre el tema es el de Covell, Grusec y King (1995). En este caso, a diferencia del trabajo anterior, la investigación se llevó a cabo en madres y abuelas de niños de entre 3 y 5 años de edad. Las variables que se investigaron fueron el uso de cinco técnicas disciplinarias: castigo físico, retiro de cariño, explicaciones, recompensas materiales y halagos. Todo esto fue descrito en términos de una variedad de situaciones en las que se requería obediencia y control de la agresión. Se llevaron a cabo entrevistas en las que se preguntó tanto a las madres como a las abuelas sobre estas variables cuando ellas tenían entre 3 y 5 años de edad. Los resultados mostraron que hubo una alta correlación entre las madres y las abuelas en cuanto al castigo físico y recompensa material. Las madres de hijas que se categorizaron como poseedoras de un gran poder de asertividad en sus respuestas a las situaciones disciplinarias tuvieron madres con las mismas características. En lo que no existió relación fue en los estándares que tanto madres como abuelas establecieron como los límites permisibles. En este sentido, una de las conclusiones más importantes de este trabajo de investigación es que las técnicas disciplinarias generalmente se imitan dado el trato cotidiano en el hogar, pero el establecimiento de los estándares incluye una variedad de experiencias vitales.

La forma de evaluación en este caso fue la entrevista. Esto tiene mucha importancia debido al tipo de investigación que se utiliza en este trabajo. La entrevista, entonces, puede ser un método de evaluación válido para llevar a cabo investigación sobre la transmisión intergeneracional.

La dinámica familiar en el abuso infantil

Por otro lado, Oliver (1993) hace un examen de la visión actual de la importancia de los factores intrafamiliares en el abuso infantil. Con el fin de probar esta importancia, compila la información de 60 estudios llevados a cabo tanto en Estados Unidos como en Inglaterra. Después de hecha esta revisión, encontró que una tercera parte de los niños víctimas crece para continuar con un patrón de crianza muy inepta, abusiva o descuidada. Otra tercera parte no realiza estos estilos. La última tercera parte permanece vulnerable a los efectos del estrés social que causa la probabilidad de llegar a ser padres abusivos. De esta forma, los factores intrafamiliares son importantes en esta transmisión de estilos, además de los factores sociales. En este sentido, dicho autor concluye que no es posible culpar del abuso infantil sólo a los factores sociales o sólo a los factores intrafamiliares. Cada uno de estos elementos tiene gran importancia en la explicación del fenómeno.

Perspectivas sociales de la dinámica familiar

Existen estudios que analizan la dinámica familiar desde la perspectiva social, tomando en cuenta los movimientos sociales como la liberación femenina, los cambios en las oportunidades de trabajo para las mujeres y los cambios sociales y políticos durante 30 años. Moen, Erickson y McClain (1997) realizan este tipo de estudio y toman en cuenta la teoría de la socialización. Es decir, existe la posibilidad de que los padres no transmitan valores específicos y creencias, sino el acceso a los recursos sociales, culturales y económicos, así como cierta posición dentro de una estructura social más grande.

Típicamente los padres y los hijos ocupan el mismo nivel social, esto es, tienen la misma clase social, así como los antecedentes étnicos y religiosos y, probablemente, consigan niveles similares de ejecución educativa. De esta forma, tal vez la congruencia entre las actitudes de género entre las generaciones puede simplemente reflejar los efectos de situaciones similares en la oportunidad de estructurar la ansiedad, más bien modelar o hacerlo explícito por parte de los padres. Entonces lo que importa es la posibilidad de tener acceso a estas estructuras sociales, por lo que la transmisión intergeneracional ocurre de manera indirecta, con el solo establecimiento de estas oportunidades. Dicha teoría es interesante porque plantea la importancia de los fenómenos sociales externos al individuo e incluso a la familia. Pero es posible que la consecución de un estatus social y el proceso de socialización operen de un modo más complejo e interactivo, modificándose mutuamente. La interacción puede verse con una visión de la perspectiva del curso de la vida, que se enfocaría sobre las trayectorias y transiciones en los roles, relaciones y lugares en un contexto histórico y cultural.

Para analizar lo anterior, los autores hicieron una serie de entrevistas en 1956 y luego en 1986. La población fue tomada al azar. El número fue de 427 mujeres y sus hijas. En la segunda entrevista, algunas habían muerto y a otras no se les pudo localizar. Las conclusiones que sacaron fueron muy interesantes.

En primer lugar, tanto los procesos de socialización como las experiencias en el curso de la vida son importantes. Al analizar la ideología de género de las hijas, los autores hicieron que se diera apoyo a la teoría de la socialización. Las madres con una postura tradicional en la década de 1950 probablemente tenían hijas con actitudes tradicionales también. Pero son igualmente importantes las experiencias de vida que tuvieron las hijas.

Cuando el proceso de socialización es efectivo, aparentemente opera mediante la persuasión verbal más que con el modelamiento del rol. Al probar la interacción entre el empleo de las madres y sus actitudes en 1956, esto no reveló efectos significativos de la influencia combinada de comportamiento y actitudes.

Aunque la teoría sugiere que la transmisión intergeneracional de actitudes de género difiere por clase, se encontraron más similitudes que diferencias para las hijas con educación superior y madres con educación media. Es importante notar también que las actitudes de las madres cambiaron con el tiempo y fueron percibidas como menos tradicionales que en las entrevistas de 1956. Esto hace que sean más similares a sus hijas.

Aquí se observa la importancia del género en la transmisión intergeneracional. En este caso, fueron investigadas las mujeres, quienes se relacionan de manera más dependiente de sus madres que los hombres.

Dinámica familiar y aspectos religiosos

Clark, Worthington y Danser (1988) llevaron a cabo un trabajo en el que intentaron investigar la forma como se mueven, en la familia, las creencias religiosas. De acuerdo con su posición, la transmisión de creencias religiosas se ve afectada por tres clases de variables: las demográficas, las religiosas y las variables de relación.

Las demográficas que influyen son el sexo de los hijos, el orden de nacimiento, el estatus socioeconómico parental y la raza.

En cuanto a las religiosas, se refieren a que cuando los padres difieren sustancialmente en sus valores suelen ejercer más influencia en las creencias de los hijos que las madres. Cuando los padres están de acuerdo, los niños adoptan a menudo la misma membresía denominacional que los padres. Los hijos usualmente no adoptan las creencias teológicas de los padres, así como sus prácticas devocionales privadas en alto grado. Esto probablemente es debido, en parte, a la claridad con que los niños pueden entender las preferencias devocionales de sus padres, tanto como sus preferencias religiosas.

Las variables de relación se refieren al estilo con que los padres crían a sus hijos. Los padres que dan apoyo y control (padres autoritarios) tienden a tener hijos con similares creencias religiosas, mientras que quienes dan apoyo pero establecen poco control (padres permisivos), así como los que proporcionan poco apoyo y poco control tienden a tener hijos con valores diferentes de los suyos. Por otro lado, los conflictos maritales y entre padres e hijos pueden inhibir la transmisión de los valores religiosos a los adolescentes.

Los sujetos que participaron en este estudio fueron 68 tríadas madre-padre-hijo (es decir, 204 participantes) de congregaciones protestantes, a quienes les fue aplicada una serie de cuestionarios para evaluar estas variables.

Los resultados fueron muy interesantes. Las similitudes madre-hijo en la experiencia y práctica religiosa, que es una mezcla de la experiencia cognitiva y conductual, fue predecible a partir de los valores de las madres acerca de su experiencia y práctica religiosa. La frecuencia autorreportada de la asistencia a la iglesia y la tasa de discusiones familiares acerca de religión no fueron relacionadas con el acuerdo madre-hijo en experiencia y práctica religiosa.

El acuerdo padre-hijo sobre la experiencia y práctica religiosa estuvo relacionada con algunas características. Si los padres asisten frecuentemente a la iglesia, discuten religión en casa o están comprometidos con su religión, entonces se encuentra similitud.

En este sentido, al parecer los padres son un factor relevante en la transmisión de los valores religiosos a los hijos adolescentes.

Transmisión intergeneracional y edad de los padres

Entre las relaciones intergeneracionales, es importante la forma como se relacionan los padres con los hijos de acuerdo con la edad en que éstos son procreados. En este sentido, Heuvel (1988) hace un estudio en el que plantea que hipotéticamente cuando los padres son mayores al tener un hijo, comparados con quienes tienen menor edad, cuentan con ventajas debido a que se encuentran en una posición económica más estable, así como en su madurez personal. Las tasas de conducta maternal positiva se incrementan y las negativas tienden a disminuir conforme la edad de la madre es mayor.

Las principales preguntas que se hace este investigador son las siguientes:

a. Cuanto mayor sea la madre en el primer nacimiento, más fuerte será la percepción de un vínculo afectivo con el niño,

debido a que hay más seguridad económica, mayor probabilidad de que se haya planeado el nacimiento y más grande
la madurez y confianza de las madres que posponen su primer alumbramiento.

b. La unión entre la edad parental y el afecto también se aplica
a los padres por muchas de las mismas razones que en el
punto anterior. Una razón adicional puede ser que los padres primerizos con mayor edad se encuentren más avan-
zados en su carrera, por lo cual tengan más tiempo para
ocuparse de su hijo.

Por otro lado, aunque este aspecto no lo investigan a fondo, afirman que los niños con hermanos tienden a desarrollar vínculos
entre sí, por lo que disminuye su dependencia de los padres sobre
ciertas necesidades emocionales.

Al realizar el estudio, se tomaron datos de archivos de un pro-
grama nacional para el estudio de niños con altas habilidades. Una
vez seleccionada la muestra, se tuvieron 514 personas (299 hombres y 215 mujeres).

Una vez hecho el análisis de los datos recopilados, entre las
principales conclusiones está, respecto a la primera afirmación, que
se confirmó de manera indirecta para las hijas pero no para los
hijos. En cuanto a la segunda afirmación acerca del padre, la relación se confirmó con los hijos, pero no con las hijas. Por otra parte,
cuando se tienen hijos a una edad mayor, se establece mejor y de
manera más efectiva la disciplina. Los datos obtenidos no son
concluyentes, pero el autor confirma la importancia de la relación
entre la edad a que se tiene el primer hijo y los vínculos afectivos
que se establecen entre los padres y los hijos.

Este trabajo resulta de importancia social en la actualidad. Es
un problema social que los adolescentes se embaracen a temprana
edad, porque no cuentan con los elementos sociales necesarios para
criar de manera sana a sus hijos, ni pueden proporcionarles una
familia estable en la cual desarrollarse. En México, en general, los
hijos quedan a cargo de la abuela, quien lleva a cabo el papel de
madre, lo cual genera conflicto con la madre biológica. Sin embargo, la transmisión intergeneracional ocurre de una forma más
mezclada entre los valores de los padres y de los abuelos de una
manera más conflictiva.

Familia y violencia

Alexander, Moore y Alexander III (1991) intentaron analizar la violencia durante las citas en el noviazgo en relación con el ambiente familiar que vivieron. Aquí es necesario establecer las diferencias entre hombres y mujeres. Dichos autores plantean la importancia de hacer estudios de este tipo, debido a que, cuando existe violencia verbal o incluso física durante el noviazgo, es la puerta de entrada a la posterior violencia intrafamiliar. En este sentido, plantean algunas preguntas:

a. ¿Cuál es el efecto de experimentar o presenciar violencia en la familia de origen sobre el subsecuente abuso verbal o físico en la relación de noviazgo? y ¿qué efectos diferenciales hay entre hombres y mujeres?

b. ¿Cuál es el efecto de presenciar violencia entre uno de los padres sobre las actitudes hacia las mujeres? Éste es un efecto diferencial entre hombres y mujeres.

c. ¿Cuál es el efecto de las actitudes hacia las mujeres sobre el subsecuente abuso verbal o físico en la relación de noviazgo?

Dichos autores presentan un esquema de la interacción de estos elementos:

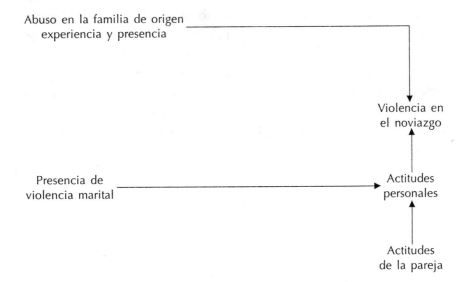

En su investigación fueron sujetos de estudio 459 hombres y mujeres universitarios que contestaron un cuestionario preliminar. Sólo aquellos que no estaban casados y que tenían una relación de noviazgo por al menos seis meses fueron incluidos en los siguientes análisis.

Una serie de cuestionarios estandarizados con la finalidad de analizar las variables planteadas fue aplicada a los sujetos. Las conclusiones sobre los resultados fueron las siguientes: en cuanto a la incidencia de violencia se encontró que los hombres reportaron ser más abusivos hacia sus parejas que las mujeres. Por otro lado, las mujeres no reportaron tanto abuso en sus relaciones de noviazgo, pero hombres y mujeres respondieron que su propio nivel de agresión verbal era similar al de sus parejas.

En cuanto a la respuesta de la primera pregunta, se encontró que el abuso físico por el padre era altamente predictivo en hombres con abuso físico en la relación de noviazgo. Es más probable que los hombres, más que las mujeres, reciban el modelo de sus padres. En la segunda pregunta se notó que la conducta abusiva era o no repetida por el hijo en su propia relación, siendo más probable que la novia tuviera un punto de vista más conservador. Cualquier tipo de violencia depende en alguna medida de las interacciones de las actitudes de las mujeres con su pareja. En cuanto a la tercera pregunta, referida a las actitudes de las mujeres hacia la violencia en el noviazgo, el nivel de conducta violenta entre individuos con actitudes liberales hacia las mujeres no se relaciona con la naturaleza liberal o conservadora de sus parejas. Pero aquellos individuos con actitudes liberales que tenían conducta de abuso describían a sus parejas con actitudes conservadoras. Por otro lado, los sujetos con actitudes conservadoras hacia las mujeres se describieron a sí mismos como más violentos cuando sus parejas se definían como liberales y no violentos cuando las actitudes de su pareja eran conservadoras.

Familia y estabilidad de opiniones a lo largo del tiempo

Lewis y Owen (1995) hicieron un estudio cerca de la estabilidad de las opiniones sobre la familia de origen a lo largo del tiempo. La mayoría de los estudios concernientes a la familia evidencia las relaciones positivas cuando los vínculos son saludables en la familia de origen y las cualidades de funcionamiento en los adultos. Pero la consistencia y estabilidad en los recuerdos de la familia de origen no siempre existe con el paso del tiempo. Los clínicos con una perspectiva empírica aceptan los informes sobre la familia de origen como un hecho; mientras que para quienes tienen una perspectiva desde la narrativa, lo importante no es la estabilidad, sino entienden que el pasado es inconscientemente alterado para adaptarse a las necesidades actuales. En este sentido, se busca entender el proceso de transmisión intergeneracional asumiendo que las experiencias pasadas y las interpretaciones presentes operan conjuntamente para tener la influencia en la conducta actual.

En este caso, en dos momentos separados por cuatro años, los cuestionarios fueron aplicados en el primer momento, cuando las parejas acababan de tener a su primer hijo. Posteriormente se volvieron a aplicar cuatro años después, pues se tomó en cuenta que la paternidad es un periodo importante en la vida de los seres humanos en el cual se replantean muchas ideas que se tienen sobre los padres.

La población a la que finalmente se les pudo aplicar la evaluación en los dos momentos constó de 56 sujetos, que tenían un promedio de 3.5 años de casados. La muestra pertenecía a la clase media, establecida con criterios de ingresos. Se les aplicó un cuestionario con el que era evaluada su opinión acerca del padre y de la madre, sobre la cercanía emocional, la felicidad, la intrusividad y el apoyo emocional.

En los resultados se encontró una alta correlación. Las interpretaciones de esta consistencia son varias. La edad de los sujetos está próxima entre las evaluaciones para permitir un cambio; sin embargo, hubo cambios en la percepción de las mujeres respecto a sus padres. Esta variación, de acuerdo con los autores, es debida más bien al comportamiento actual de los esposos. Es decir, se encontró que los cambios en la percepción del papel paternal estaban relacionados con la falta de apoyo que habían mostrado los esposos durante ese tiempo. Esto confirma la posición de la narrativa, es decir, los sujetos construyen y reconstruyen la realidad por medio del discurso que manejan para adaptarse mejor a las circunstancias actuales (Berger y Luckmann, 1995).

Familia y divorcio

Amato (1994) hace un estudio en el que analiza la forma como se transmite el divorcio a través de las generaciones. Para esto, plantea un modelo que es afectado por tres tipos de resultados en la descendencia: *a)* el curso de la vida y las variables socioeconómicas; *b)* las actitudes de la descendencia hacia el divorcio, y *c)* la conducta interpersonal problemática de la descendencia. En la primera categoría, la edad temprana al casarse, vivir en unión libre antes del casamiento (cohabitación), baja consecución socioeconómica y el empleo de la esposa incrementan la inestabilidad del matrimonio y afectan los procesos que mantienen unida a la pareja, de acuerdo con el modelo propuesto originalmente por Levinger (1976) para el divorcio, es decir, debilitan tanto las recompensas derivadas del matrimonio como las barreras para el divorcio e incrementan las alternativas para el presente matrimonio.

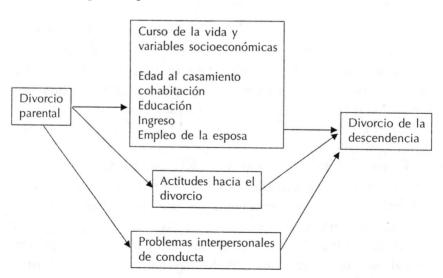

El planteamiento es que los hijos de padres divorciados tienen mayor probabilidad de divorciarse debido a que tienen actitudes más liberales hacia la disolución del matrimonio. Al observar los niños el divorcio de sus padres, tienen un modelo de primera mano de que ésa puede ser una solución a los problemas del matrimonio. La gente con actitudes liberales hacia el divorcio, comparada con aquella que muestra actitudes conservadoras al respecto, tiende menos a quedarse en un matrimonio infeliz, debilitando las barreras del matrimonio.

Es más probable que los hijos de matrimonios divorciados tengan más problemas de socialización que interfieran en sus relaciones íntimas cuando sean adultos. Los hijos de hogares en los que existen muchas dificultades emocionales (como la falta de afecto y las peleas entre los padres) no tienen modelos adecuados de interacción diádica. Como resultado, los niños no aprenden las habilidades interpersonales (como el compromiso, la tolerancia y la comunicación eficaz) para facilitar el establecimiento de relaciones interpersonales a largo plazo con los demás. Por lo tanto, los niños de padres divorciados tienden a tener comportamientos interpersonales que interfieren con la calidad de la relación marital.

En ese sentido, el objetivo de esta investigación fue determinar el grado en que los tres tipos de mecanismos (curso de la vida y variables socioeconómicas, actitudes y problemas de conducta interpersonal) median la asociación entre el divorcio parental y el divorcio de la descendencia. Para ello, fueron contactadas 1 592 personas de estudios que los autores han llevado a cabo anteriormente. A estas personas se les aplicó una serie de cuestionarios, vía telefónica, que evaluaban las variables mencionadas en el objetivo.

Entre las conclusiones más relevantes se encuentra que los hijos de padres divorciados corren un gran riesgo de divorciarse, el cual será particularmente alto si ambos miembros del matrimonio actual experimentaron un divorcio parental. Además, encontraron dos condiciones en las cuales el efecto del divorcio parental es más evidente: *a)* en casamientos de la descendencia de corta duración, y *b)* si los divorcios parentales ocurrían cuando los niños tenían 12 años de edad o menos.

Otro elemento encontrado fue que los hijos de padres divorciados, en comparación con aquellos respecto de los cuales sus padres permanecieron juntos, mostraron más problemas de conducta, como celos, sentimientos hirientes, infidelidad, problemas en la comunicación, etcétera. En tal sentido, los resultados de este estudio muestran que el divorcio de los padres tiene un efecto directo sobre dichas conductas interpersonales. Otro elemento importante que se encontró fue que los niños de padres que nunca se divorciaron, pero que vivieron con gran infelicidad, también tenían un gran riesgo de divorciarse. Los hijos de padres divorciados no sólo corren un alto riesgo de divorciarse, sino también tienen dificultades en otro tipo de relaciones, como la unión libre y el noviazgo. Cuando los padres se divorcian y se vuelven a casar y este segundo matrimonio es feliz y estable, la transmisión intergeneracional del divorcio es más débil sobre todo cuando los niños son más pequeños. Si los niños manejan una relación cercana con uno o ambos de los padres (o con un adulto) pueden aun obtener ganancias emocionales y desarrollar habilidades sociales a pesar del conflicto y divorcio parental. Por ello, no sólo el divorcio en sí sino también las circunstancias y cuidado que los padres proporcionen a sus hijos afecta su desarrollo posterior.

La dinámica familiar desde la perspectiva de Bowen

Benson, Larson, Wilson y Demo (1993) llevaron a cabo un interesante estudio en el que proponen un análisis desde el punto de vista de la teoría de Bowen, la cual destaca el elemento ansiedad como un factor importante en el mecanismo de la transmisión intergeneracional; así, la ansiedad es una propiedad del individuo y de la familia. Sirve como mecanismo en la familia, que regula el grado de cercanía y distancia. Cuando los miembros de la familia viven demasiada distancia emocional experimentan ansiedad, por temor al abandono y al rechazo. Entonces los miembros de la familia intentan establecer la cercanía emocional con la finalidad de reducir la ansiedad.

Por otro lado, cuando se experimenta una excesiva cercanía, los niveles de ansiedad también se elevan, ya que esto produce sentimientos, como pérdida de autonomía e independencia. Para reducir la ansiedad, los miembros de la familia buscan la distancia; por lo tanto, la ansiedad es un mecanismo mediante el cual se monitorea y maneja la distancia emocional en la familia.

Además de esa función reguladora, la ansiedad también es el mecanismo de transmisión intergeneracional de los patrones familiares tanto funcionales como disfuncionales. En las familias más saludables o funcionales existe una tolerancia amplia de las variaciones normales de la cercanía y la distancia y, por lo tanto, son necesarios bajos niveles de ansiedad para regresar a la familia al balance entre la cercanía y la proximidad. En contraste, las familias disfuncionales toleran menores variaciones, por lo cual se provoca más ansiedad; además, cuando la ansiedad es muy alta para regular la proximidad y la cercanía, se convierte en crónica.

Cuando la familia tiene esa ansiedad constante, busca derivarla o proyectarla sobre uno o más individuos para disminuir el nivel ansioso. Los individuos en la familia se coluden o unen en este proceso e integran o incorporan la ansiedad como parte de ellos. El grado en que cada individuo incorpora o introyecta la ansiedad es el mismo grado en que lo hace en sus relaciones subsecuentes. De esta forma, la ansiedad se transmite a las generaciones por medio del proceso de proyección e introyección.

Tres elementos sirven como medio al proceso de proyección-introyección:

a. *Grado de fusión:* grado de automatización de las reacciones emocionales dentro de sus interacciones.
b. *Triangulación:* ocurre cuando es necesaria una tercera parte, que llega a ser el foco de tensión dentro de la díada marital. Por ejemplo, se triangula al niño, lo cual hace disminuir la tensión en la relación de pareja, pero incrementa la tensión en el individuo que es foco de la tensión, en este caso el niño.
c. *Control:* se crean expectativas rígidas y un control excesivo por los padres, que sirve para disminuir la tensión en la díada marital, pero aumenta la tensión en el niño.

Con estos antecedentes teóricos, el objetivo de dicho estudio fue probar el papel mediador de la ansiedad en el proceso de transmisión. Para ello, participaron 977 personas (433 hombres y 544 mujeres) con edades entre 17 y 21 años y que nunca se habían casado y eran estudiantes universitarios. Además, se utilizó una variedad de cuestionarios estandarizados que evaluaban: características de las familias de origen (triangulación, fusión y control), ansiedad y habilidades de relación.

Después de llevar a cabo análisis estadísticos que correlacionaban los cuestionarios, las conclusiones más importantes fueron que la ansiedad en los individuos es un mediador de la influencia de la fusión y el control en la familia de origen sobre las subsecuentes relaciones románticas. La dinámica de las familias fusionadas como la dependencia emocional, pérdida de la autoestima y el uso de dobles vínculos crea ansiedad en el niño; asimismo, se generan confusiones sobre la autenticidad de la relación. Los resultados sugieren que estas inseguridades aumentan la ansiedad más allá de la familia de origen y hacen que la ansiedad sea un rasgo del individuo. A su vez, la ansiedad crea una comunicación más incompleta en la subsecuente relación. En específico, la ansiedad se vincula con una comunicación aversiva en las relaciones románticas. Las dudas personales y las preocupaciones en inseguridades de los sujetos ansiosos se asocian con una tendencia a desarrollar interacciones aversivas, como acosar a la gente, mostrar mal humor y tener discusiones. Esto se podría explicar, de acuerdo con el modelo utilizado por Bowen, por una percepción de amenaza. Esta percepción, que provoca gran cantidad de ansiedad, se afronta con la agresión pasiva, que sirve para defenderse al menos temporalmente, aunque genera en los demás respuestas de rechazo.

A su vez, los bajos niveles de ansiedad están vinculados con una comunicación abierta en las relaciones, dado que no se perciben amenazas. Cuando la percepción de amenaza es baja, los sujetos son capaces de comunicarse abiertamente, escuchar de manera auténtica y expresar desacuerdos sin temor al rechazo o la desaprobación.

El grado en que la pareja coloca una amenaza mediante el abuso verbal, la violencia física o la propensión a terminar una relación hace necesariamente que surja la ansiedad. Si el ambiente presenta una amenaza, la ansiedad funciona como un mecanismo adaptativo y predispone al sujeto a responder de manera defensiva, suprimiendo la comunicación abierta. Si la ansiedad es el principal remanente de la familia de origen, resulta contraproducente llevar esta ansiedad en las relaciones subsecuentes.

Por otro lado, también desde la perspectiva de Bowen, en otra investigación llevada a cabo por Priest, Benson y Protinsky (1998) fue analizada la codependencia en relación con la familia de origen. Según la teoría de Bowen, cuando existen problemas de disfunción en la familia de origen, el resultado es que los hijos tienen un yo con baja diferenciación. A su vez, esta baja diferenciación causa problemas en las relaciones que los hijos llegan a establecer posteriormente. En el caso de los alcohólicos, existe un constructo llamado codependencia que consiste en la forma como, generalmente, la esposa se relaciona con el alcohólico. Desde esta perspectiva, los autores afirman que tanto la teoría de Bowen como la literatura que revisan sugieren que los problemas de disfunción en la familia de origen y aquellos en la familia actual contribuyen a que se desarrolle la codependencia.

De acuerdo con la teoría de Bowen, las personas buscan como parejas a gente que tiene más o menos el mismo nivel de diferenciación. En este sentido, el alcohol u otras drogas son utilizados como una forma de manejar la ansiedad y las dificultades que se originan en el tipo de vínculo y, por lo tanto, contribuyen a la transmisión intergeneracional de los sistemas dinámicos disfuncionales. En este sentido, dichos autores llevaron a cabo un estudio en el que incluyeron a 30 parejas con problemas de alcoholismo y 30 sin este problema. A todas ellas se les solicitó que llenaran un conjunto de cuestionarios estandarizados que incluían, por ejemplo, un cuestionario para evaluar codependencia, otro que evaluaba autoridad personal en el sistema familiar y otro de funcionamiento familiar. En los resultados se encontró que no había diferencias significativas entre los alcohólicos y sus parejas en cuanto a las características de su familia de origen; por ello, los niveles de funcionamiento de ambos miembros de la pareja son semejantes.

Tanto la conducta del alcohólico como la de su pareja, de acuerdo con la teoría de Bowen, no son sino esfuerzos por manejar la ansiedad. Pero como esto no da resultado, surgen problemas de disfuncionalidad familiar que se reflejan en falta de intimidad y autoridad personal. En un análisis de regresión hubo dos elementos familiares (intimidad y triangulación) que se asociaban con la transmisión intergeneracional de la codependencia. En términos generales, la importancia de este estudio radica en que destaca el papel que una familia alcohólica tiene en la transmisión de patrones disfuncionales de comportamiento.

Por otro lado, Lawson y Brossart (2001), con el mismo marco teórico de Bowen (1989), hicieron un estudio en el que trataron de ver la diferencia que existe entre el proceso de individuación y el proceso de intimidad. Durante el crecimiento, los hijos van diferenciándose conforme pasa el tiempo; pero este proceso depende de un conjunto de variables ambientales. Para llevar a cabo el estudio, hicieron un conjunto de cuestionarios. Los resultados indican que la transmisión intergeneracional ocurre de acuerdo con este proceso de diferenciación.

En las investigaciones actuales, se subraya la importancia de los estudios intergeneracionales debido a varias razones. Bengston (2001) afirma que encuentra al menos tres razones por las cuales los estudios intergeneracionales tienen gran importancia a nivel social: *a)* los cambios demográficos en la edad de la población resultan en un incremento en la cantidad de tiempo que comparten varias generaciones; *b)* cada vez mayor interés de los abuelos y otros parientes en la satisfacción de las necesidades familiares, y *c)* la fuerza de la solidaridad intergeneracional a lo largo del tiempo. Por otro lado, existen otros cambios sociales que no se daban antes y que resaltan nuevamente la importancia de este tipo de estudios, entre otros los cambios en la estructura de la familia, los cuales incluyen el divorcio y el contacto con familias adoptivas. Además, la longevidad de la población incrementa las posibilidades de contacto entre las diversas generaciones. Por último, está la diversidad de "tipos" de relaciones intergeneracionales.

Siguiendo esta línea de razonamiento que establece Bengston (2001), se puede observar que la sociedad mexicana, igualmente, está en continuo cambio. En ciudades industriales como México, Guadalajara y Monterrey y cada vez más en ciudades medianas, se observa que en los nuevos matrimonios ambos miembros de la pareja tienen la necesidad de trabajar y recurren constantemente al apoyo de la familia de origen de uno u otro miembro. Por lo tanto, no es poco común observar que, mientras ambos miembros de la pareja acuden a trabajar, la abuela, el abuelo o los suegros se hacen cargo de sus nietos.

CAPÍTULO 4

El conflicto marital

Uno de los problemas más frecuentes que se observan en la consulta psicoterapéutica es el conflicto conyugal. El ser humano es el animal más sociable del mundo y al mismo tiempo, el que tiene más problemas en esta socialización. La relación con los demás es indispensable para el desarrollo humano, al mismo tiempo que la más compleja. Convivir con alguien implica generar un conjunto de habilidades que se ponen a prueba en los momentos de conflicto. Y éste, a su vez, surge cuando uno de los integrantes de la pareja hace o deja de hacer algo que el otro no considera adecuado o, aún más, lo considera ofensivo y atentatorio a su persona y a su valía como persona. A esto viene el reclamo, ya sea abierto o encubierto y la otra persona puede también responder con los mismos niveles de carga emocional que el reclamante. En este momento surge el conflicto conyugal. En el presente capítulo se presenta brevemente la teoría del vínculo de John Bowlby y se lleva a cabo el análisis del conflicto marital dentro de este marco teórico.

Teoría de Bowlby

Una de las principales características del niño es su total dependencia de alguien que lo cuide. El bebé humano no es capaz de tener ningún comportamiento de sobrevivencia. Es necesario, en forma absoluta, que al menos haya alguien que lo cuide. Por otro lado, no sólo es necesaria la presencia de un adulto que cuide al bebé, sino también que el niño establezca un vínculo emocional que lo ligue psicológicamente con el adulto. Bowlby (1979) hizo una serie de observaciones que le permitieron describir la forma como el niño establece este vínculo.

El vínculo es un constructo, en el sentido de que constituye un conjunto de conceptos, el cual consiste esencialmente en la relación emocional que se establece con otra persona. El vínculo puede considerarse un impulso que, como lo plantea Bowlby (1988), es de tipo biológico, para no decir que instintivo, lo cual nos mete en problemas conceptuales. Es un impulso que hace que el niño se acerque y asegure la cercanía a la madre con fines de sobrevivencia. Las probabilidades de sobrevivencia para el niño siempre son mayores si éste se mantiene cerca del principal cuidador, generalmente la madre. De esta forma, el vínculo es un impulso que no sólo aparece en la infancia, sino también permanece de manera más o menos sin cambio durante la adolescencia y la adultez. El vínculo es lo que da el impulso de relación con las personas importantes en la vida del individuo y se generaliza hacia los amigos, la pareja, los hijos y la familia.

Aisworth, Blehar, Waters y Wall (1978) llevaron a cabo un conjunto de experimentos durante los cuales hicieron observaciones a los niños y sus madres. Esta situación experimental la llamaron *situación extraña*. Durante ella, la madre llegaba con el hijo a un cuarto experimental, donde había juguetes y se encontraba un experimentador. La madre permanecía un rato y luego se retiraba, lo cual provocaba la reacción inmediata del niño. Algunos niños lloraban mucho y nunca lograban ser consolados por el experimentador durante todo el tiempo que permanecía ahí. Otros no lloraban y parecía no importarles que su madre se hubiera retirado, mientras otros lloraban un rato y luego se adaptaban a la nueva situación llegando a interactuar con el experimentador, jugaban y permanecían a gusto. Cuando la madre regresaba, había una protesta de los niños. Algunos corrían a abrazarla, lloraban un momento y eran consolados por sus madres. Otros lloraban, protestaban mucho y difícilmente la madre los podía consolar, mientras que a otros no parecía importarles que su madre hubiera regresado, pues la ignoraban y permanecían indiferentes.

Estas observaciones también permitieron a Aisworth, Blehar, Waters y Wall (1978) describir un conjunto de categorizaciones del vínculo. Básicamente identificaron tres tipos de vínculo, aunque después identificaron otras categorías que pertenecían más al terreno de la psicopatología. Estas categorizaciones son las siguientes:

1. *Vínculo seguro*. La sensibilidad y responsividad de la madre a las señales y necesidades del niño durante el primer año de vida es

muy importante. En el caso del vínculo seguro, la madre está siempre disponible a estas necesidades. El niño siente que sus necesidades son atendidas en forma segura. Una persona con este tipo de vínculo se caracteriza por la confianza, amistad y emociones positivas, piensa en el amor como algo duradero, generalmente encuentra que los demás son dignos de confianza y tiene la seguridad en que ellos son dignos de confianza y agradables a los demás. Recuerda a su madre como confiablemente responsiva a los cuidados y cariños.

2. *Vínculo ansioso ambivalente.* En este caso, la madre es lenta o inconsistente en responder al llanto del niño. Regularmente interfiere o se inmiscuye en las actividades que desea el niño (algunas veces fuerza el afecto sobre el niño), quien exhibe conductas de protesta; además, experimenta el amor como preocupante y lucha de una forma casi dolorosa para establecer una fusión con la otra persona. Se enamora frecuentemente y con facilidad, pero tiene problemas en encontrar lo que consideran el verdadero amor. Expresa de manera abierta sus sentimientos de inseguridad y cree que su madre tiene una mezcla de experiencias negativas y positivas.

3. *Vínculo evitación.* La madre rechaza los intentos del niño para establecer contacto físico; a su vez, el niño exhibe una conducta de desapego, o sea, es un niño "desvinculado". Para las personas con este tipo de vínculo el amor está marcado por miedo a la cercanía, no tienen confianza en sí mismos ni en los demás. Consideran que las relaciones amorosas son dudosas en su duración y creen que no necesitan a una pareja para ser felices. Generalmente repricmen u ocultan sus sentimientos de inseguridad y reportan a su madre como fría y rechazante.

Lo interesante de la teoría de Bowlby es que supone que el tipo de vínculo que tuvo lugar entre el niño y su madre o su cuidador permanece más o menos intacto a lo largo de la vida, lo cual es un rasgo de personalidad que permanece sin cambio y que va a determinar un conjunto de comportamientos en las relaciones que el individuo tiene con los demás. Entre otras cosas, intenta predecir la forma como el sujeto seleccionará pareja, se llevará con ella dentro de una relación de matrimonio y la manera como tratará a sus hijos. Sin embargo, es necesario tomar en cuenta que un sujeto se relaciona no sólo con su madre, aunque esta relación es una de las más importantes, sino también con su padre, sus hermanos mayores, sus tíos, etcétera, y con cada uno de ellos va estableciendo diferentes vínculos, que también influyen y son importantes en su desarrollo y comportamiento posterior. Esta complicación en los tipos de vínculo hacen ver que su transmisión es más compleja de lo que parece. Aquí hay una posible explicación sobre la forma como ocurre la transmisión intergeneracional. De acuerdo con esta teoría, también surgen tres tipos de relación respecto a las relaciones amorosas de adulto. Por ejemplo, Hazan y Shaver (1987) plantean estos tres estilos de relación en términos de autoafirmaciones:

1. *Vínculo seguro.* Me siento relativamente cómodo de estar cerca de los demás y depender de ellos, así como que ellos dependan de mí. Frecuentemente me encuentro poco preocupado de que me abandonen o de que estén muy cerca de mí.

2. *Vínculo ansiedad/ambivalente.* Encuentro que a los demás les es difícil estar tan cerca como a mí me gustaría. Me preocupo con frecuencia de que mi pareja no me ame o de que no quiera permanecer conmigo. Deseo unirme completamente con mi pareja y esto parece asustarlo(a) y en algunas ocasiones hace que se aleje.

3. *Vínculo evitación.* Me siento un poco incómodo de estar con los demás. Encuentro difícil confiar en ellos de manera completa; es difícil para mí confiar y depender completamente de los demás. Me siento nervioso cuando alguien está muy cerca de mí y con frecuencia mi pareja quiere estar con mayor intimidad de lo que a mí me gustaría.

De acuerdo con Campos, Barret, Lamb, Goldsmith y Stenberg (1983), 62% de la población tiene un vínculo seguro, 15% un vínculo ansiedad/ambivalente y 23% un vínculo de evitación. Esto concuerda con los datos de Hazan y Shaver (1987), quienes encontraron a 56% con un vínculo seguro, a 19% con un vínculo ansiedad/ambivalente y a 25% con un vínculo de evitación.

Selección de pareja

El concepto más importante que podemos rescatar de los dos autores presentados es el de cercanía-lejanía. De acuerdo con la teoría del vínculo, tal como se presenta, la necesidad humana más importante es la relación con el otro. En este sentido, cuando los seres humanos buscan a una pareja seleccionan a la persona que más se adapta a sus necesidades internas, las cuales no necesariamente son conscientes. Estas necesidades están determinadas por un conjunto de factores que incluyen aspectos de tipo interno y externo: por un lado, el tipo de vínculo con el que los padres criaron a la persona. Si fue criado bajo una base segura, el sujeto buscará a una pareja que cumpla con estas características para satisfacer sus necesidades, es decir, a alguien que pueda proporcionarle una base segura, que lo ame en forma segura y que esté siempre junto a él.

Por otro lado, hay un conjunto de factores importantes dentro del desarrollo del individuo, como las relaciones con sus compañeros o pares, el tipo de clase social a que pertenece, las características idiosincrásicas del individuo y las experiencias particulares que el sujeto haya tenido en relación con la búsqueda de pareja.

Entonces, la selección de pareja va a estar determinada tanto por los estilos de relación del sujeto durante su infancia, como por aspectos que fueron apareciendo durante su desarrollo, como se mencionó. Desde el punto de vista de la teoría de Bowlby, los novios comienzan a establecer el vínculo que tenían con la familia de origen. Sobre la pareja se establece una serie de expectativas de lo que se desea que haga y no haga. Por ende, el otro lo hace, pero como vienen de diferentes familias y de distintas formaciones, tienen que adaptarse uno al otro. Esta adaptación depende de quien tenga una necesidad de vínculo mayor y cederá dentro de los límites que tiene establecidos. Muchas veces dichos límites no son conocidos conscientemente por el sujeto. Es decir, pensamos que está poco dispuesto a tolerar ciertas cosas de la pareja. Pero una vez establecido el vínculo, se toleran muchas más cosas de las que estaban originalmente dispuestos a tolerar.

Existen muchas aproximaciones para interpretar la relación interpersonal entre los sexos. Una de ellas es la del perseguidor y el perseguido. El miembro de la pareja que tenga más necesidades de vínculo va a ser siempre la parte perseguidora, mientras que quien tenga menos necesidades será la perseguida, pero esto no permanece así para siempre. Dependiendo del momento y la situación particular, en ocasiones el perseguidor se convierte en perseguido y, por consiguiente, el otro también cambia su papel. Otra forma de aproximación es la de relaciones de poder. Nuevamente, el miembro de la pareja que tenga menores necesidades de vínculo será quien más poder tenga sobre la pareja. Y, otra vez, también las situaciones van cambiando con el tiempo y las relaciones de poder se van modificando, intercambiándose los papeles.

Por supuesto que la relación de pareja va a estar influida por otra gran cantidad de circunstancias y factores, como las relaciones sociales, las costumbres particulares de la familia, y el momento histórico y social en que se encuentre. Pero en cuanto a los aspectos emocionales, será el tipo de vínculo que se establezca con la pareja.

En términos de la teoría de Bowen, la cual está muy en concordancia con la de Bowlby, el establecimiento de las relaciones de pareja está determinado por el grado de diferenciación que tenga el sujeto. Debemos partir de que nunca se juntan dos personas con niveles de diferenciación o indiferenciación demasiado distintos; pero, a pesar de las semejanzas, siempre hay alguien algo más diferenciado que el otro. La persona con más indiferenciación generalmente se vuelve más demandante y el otro se comporta como el perseguido en la relación. Pero este tipo de relación tiene sistemas de autorregulación que le permiten mantenerse a pesar de que, en ocasiones, en el exterior parezca conflictiva y tambaleante.

Sin embargo, algo definitivo es que no recibimos a la pareja que en suerte nos toca, sino a aquella que, de manera consciente o inconsciente, seleccionamos cuidadosamente de nuestro entorno social.

El conflicto marital

Las relaciones entre los humanos son muy complejas, pero, haciendo una esquematización de ellas, tenemos comportamientos de cercanía o de alejamiento respecto a la pareja. Ambos tipos de comportamiento están definidos por el otro, aunque generalmente hay concordancia social de ellos. Por ejemplo, un comportamiento de cercanía puede ser intentar tener relaciones sexuales, conductas de besar, acariciar y todas las demás en relación con el sexo. Otro tipo de comportamientos de cercanía son llevar un regalo, decir qué se piensa del otro en forma positiva, estar de acuerdo con acompañar al otro a cualquier sitio, etcétera. Pero lo que finalmente determina si un comportamiento es de acercamiento es el otro, quien lo percibe y lo define como tal.

Comportamientos de lejanía son, por ejemplo, rehusarse a cooperar en algo, a acompañar al otro a cualquier sitio, quedarse callado cuando el otro intenta mantener un diálogo, olvidarse de una fecha importante, llegar inusualmente tarde a la casa, etcétera. Igual que el acercamiento, la lejanía está definida principalmente por el sujeto. Cuando la relación marital está muy deteriorada, casi cualquier comportamiento se percibe como de lejanía o hasta de agresión, lo cual provoca que las relaciones entren en un círculo sin fin, en una espiral que las deteriora cada vez más.

Entonces, el conflicto marital puede analizarse desde la perspectiva del concepto lejanía-acercamiento que hay en la pareja. En este sentido, cuando la relación lejanía-acercamiento ocurre entre las expectativas de la pareja o cuando ambos miembros sienten que se satisfacen bien sus necesidades emocionales, no hay tal conflicto. Esto se consigue sólo de momento, porque es difícil que dicho balanceo generalmente se conserve por mucho tiempo. Sin embargo, dicho desbalanceo no suele ser tan problemático y, si bien provoca conflictos, no son tan graves. Estos conflictos ocasionalmente son pequeños y se resuelven en un corto tiempo. Aunque con el tiempo, a pesar de que son problemas que aparentemente se resuelven, se pueden acumular e ir deteriorando la relación.

Este deterioro tiene su inicio cuando comienza a haber un desbalanceo, cuando uno de los miembros percibe al otro como más lejano de lo deseable. Esta lejanía existe de varias formas. Una de ellas es que para el otro, uno no tiene la suficiente importancia, lo cual implica un golpe a la autoestima, es decir, uno de los miembros de la pareja piensa que el otro, al hacer cosas en forma independiente o sin tomarlo en cuenta, no piensa en su pareja ni le da la importancia que merece. Al sentirse con una autoestima baja, se intenta regresar al balanceo anterior, o al que se piensa que alguna vez existió, donde había comodidad. La pérdida de comodidad provoca ansiedad, de la cual el sujeto intenta deshacerse con toda la intensidad posible; por lo tanto, emite comportamientos de regulación. Puede comenzar por no hacer nada y esperar que la situación cambie por sí sola, lo cual ocurre en una sorprendente cantidad de ocasiones. Pero si esta estrategia no da resultado o no es parte de las formas de afrontamiento del miembro de la pareja que percibe lejanía, entonces empezará a recurrir a otros recursos, ya sean directos o indirectos. Uno de los indirectos puede consistir en hacerle a la pareja insinuaciones acerca de su comportamiento o solicitarle que haga algo. Casi siempre se utilizan con más frecuencia los indirectos que los directos, los cuales no necesariamente son percibidos en su justa dimensión por la pareja, lo que a su vez, provoca comportamientos de regulación con mayor intensidad. Los directos consisten en hablar o hacer una petición directa a su pareja, lo cual, si se realiza en una forma razonable y con habilidad, soluciona el problema, pero generalmente es poco probable, a pesar de ser lo más razonable posible.

Las razones por las cuales las parejas usan poco los métodos directos es debido al miedo a perder a su pareja. Se llega a la percepción de que si se es demasiado directo, el otro puede sentirse herido ante tanta sinceridad y finalmente, ante tal herida, abandonar el campo. Otra razón es porque ni siquiera la propia persona es capaz de poner en palabras sus propios sentimientos y emociones. Los tiene y afectan su comportamiento, pero no es capaz de aclararlos, describirlos y mucho menos explicarlos.

Una de las cosas que ocurren en todas las parejas es que el grado de diferenciación que ambos miembros tienen siempre es más o menos el mismo. Una persona muy diferenciada nunca se casa o anda con una muy poco diferenciada. Si bien nunca tienen el mismo grado de diferenciación, siempre se encuentran muy cerca. Cuando el grado de diferenciación es demasiado desigual, uno y otro ni siquiera se perciben como pareja a pesar de estar juntos, de convenirse o de los gustos que tengan. Pero con el paso del tiempo, ocurre en ocasiones que uno de los miembros de la pareja comienza a diferenciarse más que el otro, es decir, empieza a comportarse en forma independiente, más allá de lo que su pareja esperaría, lo cual provoca el desbalanceo de la relación cercanía-lejanía, generando ansiedad en su pareja y provocando comportamientos de balanceo, o sea, pidiendo al otro la modificación de su comportamiento para volver a la estabilidad deseada.

Entonces, el nivel de diferenciación determina la fuerza con que cada uno de los miembros intenta nivelar el grado de cercanía-lejanía. Si la persona es muy poco diferenciada, el grado de ansiedad será mucho mayor, lo cual implica que es mucho más emotiva y que su nivel de autoestima también es menor. Ante esto, las acciones que intenta llevar a cabo para nivelar el grado de cercanía-lejanía tendrán mucho más fuerza e incluso llegarán a la violencia si considera que es necesario o si tiene poco autocontrol de sus emociones y comportamiento. En cambio, una pareja con un grado de diferenciación mayor, al ser menos emotivo en su forma de ver las cosas y más racional, las actividades que tienen el propósito de balancear la cercanía-lejanía serán más medidas e implicarán menor grado de intensidad.

Lo anterior ocurre en los extremos, los cuales en general son más raros que la media. En general, la violencia se desata y depende, además de los niveles de diferenciación, de otros factores como la transmisión intergeneracional de la violencia y los factores sociales de violencia intrafamiliar. Sin embargo, los conflictos maritales se encuentran matizados y regulados por los niveles de diferenciación de la pareja en relación con los niveles de cercanía-lejanía que los miembros de la pareja intentan establecer.

El tipo de vínculo establecido por la persona es importante porque:

a. Media la experiencia y el significado de las conductas de relación tanto de sí mismo como de la pareja.
b. Contiene expectativas acerca del cuidado y responsabilidad de la pareja.
c. Incluye creencias acerca de la valía personal de cuidado y atención.
d. Regula el afecto y la conducta en la relación de acuerdo con las reglas que organizan la información en cuanto al vínculo (Pistole, 1994, p. 334).

Las personas con un vínculo seguro tienen menos problemas para regular las emociones negativas y generan más conductas de solución de problemas que las que tienen un vínculo ansioso/ambivalente y de evitación (Kobak y Hazan, 1991). También "enfatizan la importancia de la apertura y la cercanía en sus relaciones, mientras que al mismo tiempo buscan conservar su identidad individual" (Feeney y Noller, 1991, p. 208). Esto no quiere decir que las personas con tal tipo de vínculo no llegan a tener problemas, sino que éstos pueden surgir cuando las circunstancias rebasen sus habilidades para afrontar y solucionar problemas.

Las personas con vínculo ansiedad/ambivalente generan comportamientos de hipervigilancia de la pareja y ansiedad a la separación, lo que las vuelve inseguras. Generalmente, las parejas de estas personas se vuelven impredecibles en su comportamiento (Mikulincer y Nachshon, 1990). Es como si asumieran por completo la responsabilidad de la relación, es decir, mantienen el monitoreo continuamente de la relación cercanía-lejanía, lo cual resulta desgastante para la persona y, por lo tanto, para la relación (Bretherton, 1985). La persona con este tipo de vínculo tiende a idealizar a su pareja, la cual en ocasiones cumple con sus expectativas y en ocasiones no. Otra opción es que la persona tiende a ignorar las conductas no deseadas de su pareja y exalta las que espera. En este tipo de vínculo, el miembro ansioso/ambivalente siempre pone más de su parte para el sostenimiento de la relación. Generalmente, a pesar de que el ansioso tiende a ser muy demandante, termina cediendo a las peticiones de su pareja con tal de que no surja la separación.

Las personas que tienen un vínculo de evitación tienden a inhibir su relación, es decir, para disminuir la ansiedad, se alejan de la atención de su pareja (Cassidy, 1988), disminuyen la importancia de su relación y conservan sus emociones con bajos niveles de intensidad (Bartholomew y Sceery, 1988). Compulsivamente se muestran autosuficientes como un estilo de comportamiento, tienen bajos niveles de autoestima y conservan la expectativa de que la pareja probablemente los rechace o que no responda a sus necesidades emocionales. Por lo tanto, son sensibles al rechazo (aunque no lo reconocen) y tienen mucho miedo a establecer intimidad (Bartholomew, 1990).

Existen varias circunstancias que provocan que las conductas de vínculo se disparen, como la enfermedad, la fatiga, el estrés o circunstancias alarmantes (que provocan ansiedad o miedo, como la pérdida de empleo, problemas familiares o el fallecimiento de familiares). Otras circunstancias semejantes son las separaciones inesperadas o la amenaza de una separación o abandono. En ese momento, el sujeto siente no sólo una pérdida de protección física a pesar de ser un adulto, sino también que se desbalancea la cercanía-lejanía, lo cual genera conductas emocionales intensas que impiden el pensamiento racional y la solución de problemas (Pistole, 1994).

Aproximaciones psicoterapéuticas

De acuerdo con la aproximación presentada, y que explica en parte los conflictos maritales, una de las metas que el psicoterapeuta debe seguir durante su intervención es que cada miembro de la pareja "conozca muy bien el punto de vista del otro, sus metas, sentimientos, intenciones y cada uno debe ajustar su conducta de tal manera que se negocie alguna conjunción de metas" (Bowlby, 1988, p. 131). Es decir, la intervención debe estar dirigida al conocimiento claro de las motivaciones que el otro tiene para comportarse de la manera como lo hace. Generalmente, cuando existen conflictos maritales, ambos miembros de la pareja se sienten agraviados, pues consideran que el otro se comportó con la intención de molestar, de ganar poder o por alguna enfermedad mental. Cuando la explicación ocurre en este nivel, es muy claro que los malos entendidos surjan y que los miembros de la pareja pierdan el contacto adecuado para una relación sana.

En este sentido, el terapeuta debe conducir la terapia de tal forma que los miembros de la pareja interpreten la conducta del otro como normativa, con la finalidad de establecer de nueva cuenta un balanceo que existía o se creía que existía. Es decir, el análisis que el terapeuta haga hacia el paciente se centra más en la funcionalidad del comportamiento de la pareja que en el contenido. Generalmente la pareja discute el contenido de la conversación y se inmiscuye en una discusión sin fin. Estas discusiones giran en torno a lo que "verdaderamente" se quiso decir, a si son verdad o no ciertas consideraciones de lo que se dijo, etcétera. Discusiones de este tipo hacen que se genere una escalada de agresiones que puede terminar en la violencia física o en una decisión de separación.

Por ello, el terapeuta debe estudiar la discusión de la pareja de una forma más abstracta y menos concreta: no sólo analizar la comunicación que hay en la pareja, sino también elaborar una meta-comunicación de la relación de la pareja. Es decir, un lenguaje que permita examinar las situaciones verbales de la pareja. De esta manera, al elevar el nivel del análisis, se puede manejar la información de una manera más eficaz para generar posibles soluciones del conflicto marital.

Por otro lado, también se puede trabajar en el estilo de vínculo que los sujetos tienen para modificarlo. Si bien esto es una meta a más largo plazo en cualquier tipo de terapia debido a su complejidad, no puede soslayarse su importancia. Es decir, si cualquiera de los dos miembros de la pareja tiene un tipo de vínculo ansioso/ambivalente o de evitación, el terapeuta puede comenzar a hacer consciente de esto al paciente con la finalidad de realizar un análisis que le permita el monitoreo constante de la conducta del sujeto con fines de cambio, que el sujeto comience a hacer un autorregistro de su comportamiento cuando tiene sentimientos que lo hagan sentir mal. Esta información es llevada a la sesión para ser descrita, ordenada y analizada a la luz de este marco teórico presentado con la finalidad de aumentar el nivel de diferenciación del sujeto y para que modifique su estilo de vínculo a uno más seguro. Aquí no es el espacio adecuado para la presentación exhaustiva de un método de cambio, pero se hace referencia a métodos de cambio cognitivo (Ellis, 1980).

Cuando uno de los miembros de la pareja se encuentra en la posición de alguna circunstancia que le genere ansiedad, requiere más atención y apoyo de su consorte. La investigación que existe demuestra que cuando surge este tipo de circunstancia, los niveles de dependencia y ansiedad se elevan y generan requerimientos que no siempre son entendidos adecuadamente por la pareja (Bartholomew y Horowitz, 1991). Por lo tanto, otra de las metas terapéuticas debe consistir en el entrenamiento de ambos miembros de la pareja, en la discriminación de este tipo de situaciones.

Las personas con un vínculo de evitación tienden a actuar en forma independiente de su pareja, a pesar de que ésta puede proporcionarles, en cierto momento, apoyo emocional y físico. Por ello, a personas con este tipo de vínculo se les puede enseñar que, en los momentos difíciles, pueden y deben recurrir al apoyo que su pareja y otros miembros de su familia cercana pueden darles, con la finalidad de ayudar en la solución de la fuente de tensión.

Otro posible recurso para utilizarlo durante la terapia es el análisis de un genograma de la familia de origen de ambos miembros de la pareja (McGoldrick y Gerson, 1996). Esto puede poner en términos objetivos las relaciones que existieron en su familia de origen y que tienen una influencia directa en la relación actual (Framo, 1996). El análisis del tipo de vínculo y de los niveles de diferenciación-indiferenciación que existieron o existen entre sus padres y hermanos es útil en la ubicación de sí mismo que el sujeto puede llevar a cabo durante la terapia, con la finalidad de establecer metas y comportamientos que le ayuden a un cambio más funcional de su relación.

Los niveles de diferenciación-indiferenciación deben ser llevados a un estado de balanceo entre los miembros de la pareja, es decir, no debe haber demasiada indiferenciación o mucha fusión con la pareja, de tal manera que la dependencia emocional sea excesiva. Pero tampoco, para fines funcionales de la relación, la diferenciación debe ser llevada a niveles tan altos que hagan que el sujeto genere un grado de independencia que lleve al rompimiento de la relación. Entre los miembros de la pareja, demasiada indiferenciación por una de las partes puede hacer que la otra se canse de dicha dependencia emocional. Pero cuando la diferenciación también es llevada a niveles altos respecto a su pareja, el estilo de vínculo de evitación ocurre y pone en peligro la estabilidad de la relación.

Esta aproximación de concepto al conflicto marital es una alternativa para estudiarlo. Permite tener un marco explicativo a nivel teórico que favorece un análisis abstracto del problema, lo cual, a su vez, al tener una visión general del conflicto marital, puede generar alternativas de intervención. La finalidad del presente trabajo sólo fue hacer una breve reseña de esta postura para estudiar el conflicto marital. Pero posteriores trabajos facilitarán el análisis, la crítica, la modificación y la puesta al día de esta opción conceptual que permita el avance de la psicología clínica.

CAPÍTULO 5

Ciclos de la familia y la pareja

La pareja, como todo fenómeno humano, tiene un ciclo de existencia en el que nace (dentro de un contexto social) crece, se reproduce y termina. De inicio se tiene la perspectiva de que un matrimonio va a durar "hasta que la muerte los separe". Sin embargo, los cambios sociales y la evolución social han determinado una serie de modificaciones que hacen que la gente se divorcie cada vez con más frecuencia. A pesar de esto, la relación monógama de pareja sigue siendo el paradigma social por excelencia, pues no ha surgido una alternativa social viable. Seguramente con el tiempo, con el cambio de las condiciones sociales e ideológicas, la pareja irá cambiando, pero la alternativa todavía está por verse.

El objetivo del presente capítulo es presentar el ciclo de vida de la relación de pareja. Dichas fases no tienen nada de original, pero su singularidad radica en los problemas que se presentan y discuten como un antecedente para entrar de lleno al siguiente capítulo, que son las soluciones terapéuticas.

Noviazgo. Época de formación de expectativas, selección de pareja y formalización de la relación

El noviazgo es la etapa de formación de las parejas. Generalmente hay un impulso de todos los integrantes de la comunidad adolescente de buscar a una pareja. La manera como se impulsa a los adolescentes a que tengan un noviazgo es variada: va desde la petición explícita hasta la paradoja, o sea, desde que el padre dice explícitamente al hijo que a la edad que tiene debe comenzar a buscar una novia. O bien, los padres prohíben a su hija que tenga novio, con la finalidad de que ella lo haga a escondidas.

De cualquier manera, tarde o temprano, el adolescente, entre los impulsos sociales y hormonales que en ese momento se encuentran en su punto más alto, comienza a buscar una relación con el sexo opuesto. A menos que su orientación sexual se dirija hacia otros caminos, como la homosexualidad, termina por buscar a una pareja. Haley (1980) menciona que los animales que no consiguen pareja generalmente son arrojados a las garras de los depredadores y que los humanos que no encuentran pareja suelen ser arrojados a las garras de los psicólogos. Esto puede parecer una broma, pero nos da una idea de la importancia que la sociedad otorga a la búsqueda y selección de pareja. En cierto sentido, hallar una pareja para formar una familia, tener hijos, educarlos y conservarse dentro de ella es similar a un deber cívico que el sujeto tiene que cumplir con la sociedad, de la misma manera en que se asiste al servicio militar, a votar y tener los demás deberes civiles. Sin embargo, aparentemente esto se disfraza de tal modo que da la apariencia de que el sujeto, mediante la pareja y la familia que va a fundar, "se realiza", "da verdadero sentido a su vida" y demás frases que hacen pensar al sujeto que hace lo que él quiere verdaderamente y que está tratando de llevar a cabo su plan de vida. Pero la presión social es tan sutil y tan poderosa que pocos sujetos logran salirse de sus preceptos.

Algunas personas no logran establecer una relación normal con el sexo opuesto, debido a que sus expectativas de relación de pareja son tan deplorables que no desean conseguir esto. Es decir, el modelo de familia internalizado es tan negativo y costoso desde el punto de vista emocional, que lo evitan con el sencillo recurso de no conseguir pareja, no relacionarse seriamente con nadie y no casarse. Este modelo internalizado aparece a partir de la relación de sus padres cuando el sujeto era niño. Generalmente son los padres, pero el modelo de matrimonio puede ser el de un familiar cercano o de lo que la familia siempre habló al respecto. Algunas madres se quejan toda la vida de su marido, de su condición de mujeres y de la sociedad machista que les tocó vivir, o viceversa: quienes todo el tiempo están bendiciendo a Dios por la suerte que les tocó con el marido, con los hijos, con su condición sexual. Esto independientemente de la manera como en realidad lo sienten, lo cual también es percibido en la familia, aunque no se diga nada al respecto. De todas estas circunstancias explícitas e implícitas, el niño o la niña internaliza un modelo de matrimonio, que lleva como equipaje cuando escoge pareja y se casa.

El concepto social que existe para conseguir pareja de una manera "normal" es el noviazgo, lo cual implica un compromiso por parte de ambos miembros de la pareja de establecer una relación formal. Dicho concepto de noviazgo tiene un conjunto de reglas que casi nunca se establecen de forma explícita, sino que se supone que el otro miembro de la pareja debería saber. Cuando se dejan de cumplir, se generan problemas, pleitos y si éstos no se resuelven, podrá haber rupturas.

Cada familia y cada pareja tienen sus códigos de comportamiento, los cuales tratan de cumplir en la medida de lo posible. Pero los medios de comunicación, los amigos, la escuela y el momento social en que viven hacen que dichos códigos de comportamiento se vayan modificando. Por ejemplo, antes era completamente inaceptable tener relaciones sexuales durante el noviazgo, pero ahora ya no es considerado una falta grave, sobre todo a partir del desarrollo de métodos anticonceptivos cada vez más seguros y controlables. Pero regresando a los códigos de comportamiento familiares, éstos se desarrollan básicamente a partir del núcleo familiar en el que hayamos vivido, aunque se modifiquen después un poco por lo mencionado. Generalmente, las principales reglas de comportamiento implican la fidelidad y el trato especial hacia la pareja. Se espera que el novio o novia sólo tengan una pareja con quien salen o con quien se besan o tienen cualquier tipo de proximidad corporal o social del mismo tipo. De la misma forma, el novio o novia espera ser tratado de manera especial y diferente, sobre todo respecto a la importancia que el otro le da.

En los noviazgos existen muchas fuentes de problemas. Entre otras, se encuentra la formación que los sujetos tienen acerca de lo que debe ser un noviazgo. Para algunos es una etapa de juego, de conquista, de demostrar a los pares las habilidades que se tienen, por ejemplo: cuando un muchacho intenta conquistar a la chica que considera la más guapa de su comunidad. Para otros, es una fuente para satisfacer sus necesidades emocionales.

En los capítulos anteriores vimos cómo la necesidad emocional más importante es la relación significativa que se establece con los demás. Durante el noviazgo los adolescentes comienzan a probar cuáles serán sus futuras relaciones con el sexo opuesto. Las posibilidades de relación son muchas y están determinadas en parte por las relaciones que se hayan establecido con la familia de origen, por el tipo de comunidad donde se vive, el momento histórico y social y, un punto muy importante a considerar, por las características singulares del sujeto.

En ese sentido, durante el noviazgo se ponen en juego tanto las habilidades como las perspectivas y expectativas en relación con el sexo opuesto. De todo esto dependen el momento y el lugar donde se comienza a buscar pareja. Pero cada relación va a tener la marca del sujeto y de la familia de donde surgió.

Primeros tiempos del casamiento: época de buenas intenciones, dar todo a la pareja, formación de expectativas a largo plazo

Después de tener un periodo razonable de noviazgo, las parejas deciden casarse o comenzar a vivir juntas. Para efectos de lo que estamos discutiendo, es lo mismo que se casen o que vivan juntos. Funcionalmente comienzan a vivir en pareja y este tipo de relación tiene otra reglamentación. Es el momento de tener grandes expectativas acerca de lo que será la relación de matrimonio. Generalmente las mujeres tienen más expectativas positivas que los hombres, debido a la educación social que recibieron. Como portadoras de la concepción, las mujeres intentan con más frecuencia vivir dentro de la relación monogámica establecida socialmente, y esto tiene razones que van desde lo biológico hasta lo social: por un lado, la relación monogámica asegura la certeza social sobre la paternidad de sus hijos, es decir, en la relación monogámica los hijos son del marido de la mujer que los concibe. Esta certeza tiene grandes beneficios dentro del orden social establecido, porque da a los hijos derechos legales y familiares que sólo pueden ser asegurados por este medio.

Por otro lado, la mujer tiene que asegurar que el hombre continúe a su lado para mantenerla a ella y a sus hijos. Tal vez también trabaje, pero aun así sabe perfectamente que los hijos se crían mejor desde el punto de vista social, familiar, psicológico y económico cuando el padre de sus hijos está a su lado.

Por éstas y otras razones de índole social, familiar y biológico, las mujeres suelen tener más expectativas que los hombres. Aunque ellos también tienen muchas ilusiones, debido a que, por lo general, se casan muy involucrados emocionalmente con sus parejas.

Esas expectativas en ambos sexos suelen ser grandes. El hombre tiene la expectativa de que su esposa, como mujer que es, será comprensiva, buena, limpia, pura, inocente y perfecta en muchos sentidos. La mujer tiene la expectativa de que su esposo será fuerte, inteligente, emprendedor, trabajador, cariñoso, comprensivo e igualmente, en muchos sentidos, perfecto. Racionalmente se dan cuenta de que esto no puede ser, porque es imposible que tanto un hombre como una mujer tengan tantas perfecciones; pero esto ocurre sólo en el nivel racional. En lo emocional, a nivel menos consciente, se espera que la pareja sea perfecta y ocurre una gran desilusión cuando no es así. A la pareja se le otorgan poderes especiales sobre sí mismo, sobre los estados de ánimo personales. En la pareja se proyectan, de una manera muy compleja, una serie de expectativas que determinan en gran medida el resto de la vida.

Generalmente estas expectativas se cumplen a medias en el mejor de los casos o no se cumplen, en el peor. Ante esto, dependiendo del grado de involucramiento y de las habilidades de afrontamiento que tenga el sujeto, hay una variedad de formas de responder. Si la pareja todavía se encuentra muy involucrada, ambos pasan por alto la falta de cumplimiento de las expectativas, racionalizando los eventos y dándoles una explicación plausible. Ambos fuerzan las expectativas de tal manera que se adapten a las circunstancias actuales. Uno disculpa todo lo que el otro hace y el otro da una disculpa o una explicación. Lo hace porque está muy cansado, pero en realidad no es así, se comporta de tal manera porque no le queda de otra, es debido a su trabajo, debido a su jefe, debido a que la gente lo obliga a ser de esta manera. Las sutilezas por las cuales pueden explicar y justificar un comportamiento son impresionantes, y cuando se quiere que funcionen, funcionan a pesar de que las evidencias muestran completamente lo contrario. Y de esta forma pasan algunos años hasta que la pareja se cansa de justificar todo lo que el otro hace. El número de años varía desde algunos pocos hasta algunas decenas e incluso ocurre que nunca la pareja llega a cansarse aparentemente de justificar la conducta del otro. Vive toda su vida de esta manera.

Otra manera de responder es presionando a la pareja en todas las formas imaginables para que cambie. Se dedican a "la muy noble tarea de hacer cambiar al otro". Y todo es en pos de que el otro se "beneficie" con sus puntos de vista, o de una forma correcta de hacer las cosas. Ante tan noble intención, todo está permitido. Se puede manipular, chantajear, presionar, gritar, sugerir, susurrar. Cualquier medio es justificado y permitido. Por supuesto, la contraparte piensa lo mismo y se dedica con igual entusiasmo a la misma tarea. Esto convierte al matrimonio en una lucha sorda, soterrada e implícita, donde las reglas del juego varían dependiendo de la etapa en que se encuentre la pareja. Al final del juego, la pareja advierte la fatuidad de las intenciones, porque generalmente el otro no cambia, sino que uno se adapta al otro con el paso del tiempo. Y si hubo un cambio en el otro, no se puede decir que fue debido a la pareja, sino a otras razones mucho más personales, asociadas con aspectos más profundos en el sujeto, más que en la presión directa o indirecta que ejerce la pareja. Pero ante el menor cambio, pensamos que recorremos el camino de manera exitosa, por lo cual insistimos más y durante mucho tiempo. La contraparte, como un espejo, hace lo mismo durante el mismo tiempo.

Pero si bien esto puede ser una forma de balance en la relación, también puede ser una fuente inagotable de problemas. Sentimos que si no conseguimos que el otro cambie, fracasamos en las expectativas de vida y percibimos una sensación de que la relación está yéndose a pique. A veces es una sensación que llena de angustia y de urgencia para "resolver los problemas". Se puede acudir a terapia, a consejos de los amigos o amigas, a cualquier medio como una manera de "poner a salvo el matrimonio", debido a "la falta de cambio y sensibilidad de la pareja".

Cuando un miembro de la pareja decide no ocultarse a sí mismo que el otro no cumple con sus expectativas, también hay una serie de opciones. Una de ellas, por supuesto y dependiendo de las condiciones sociales, familiares y económicas, es divorciarse. No se puede estar al lado de una persona que no resultó ser lo que se esperaba, que "nos engañó". Otra opción es hacer lo dicho en los párrafos anteriores, o sea, tratar de presionar de manera abierta o encubierta, explícita o implícita para que el otro cambie.

Otra alternativa que poca gente toma es la de aceptar a la pareja tal como es. Ésta es una alternativa rara, porque requiere de hacer uso verdadero de las posibilidades analíticas de la persona. Implica el reconocimiento de que no está casado con un ser perfecto e ideal, sino con un ser humano, quien, naturalmente, tiene problemas y defectos. Pero de la misma manera que sabe reconocer defectos, también sabe reconocer las cualidades de su pareja y, haciendo un balance de su matrimonio, piensa que sale ganando si permanecen juntos.

Nacimiento de los hijos. Decisión de tener hijos como una forma de consolidación de la relación de pareja

Los hijos pueden nacer en cualquier momento dentro del matrimonio. A veces tenerlos implica una discusión, una plática al menos por ambos miembros de la pareja. Pero en otras ocasiones los hijos vienen por decisión de uno solo de los miembros de la pareja y en otras nacen "accidentalmente". Pero de cualquier forma como lleguen los hijos, implican un cambio profundo en la relación. En otras ocasiones, debido a factores muy complejos, la relación comienza con hijos, como cuando la novia se embaraza y la pareja decide casarse para que su hijo tenga un hogar.

La perspectiva de tener hijos es diferente para las personas. Para algunos, un hijo es un accidente meramente biológico que no tiene nada que ver con ellos. Para otros, los hijos representan algo mucho más importante: representan su futuro, su proyecto de vida hacia adelante, parte de ellos mismos. Para los primeros, cuanto más rápidamente se deshagan de ellos, será mucho mejor. Y puede ser mediante el abandono o el alejamiento físico y emocional. Los segundos se sienten comprometidos hacia ellos y, dado que es algo importante, se preocupan por darles el tiempo y la atención suficiente.

Cuando un niño forma parte de una pareja, las relaciones emocionales se triangulan y las tensiones se distribuyen. Esto hace que la pareja esté tensa antes de acostumbrarse a la nueva situación que le plantea tener un bebé. Ambos miembros de la pareja comienzan a prestar demasiada atención al bebé. La madre es quien más atención tiene que prestarle, naturalmente, al hijo, mientras que el esposo, cuando llega de trabajar, pregunta por el niño antes que por su esposa.

Cabe recordar que las crisis familiares surgen cuando alguien ingresa o egresa de la familia de diferentes maneras. Por ejemplo, se ingresa con el nacimiento o cuando se casa un hijo e ingresa a su pareja. Se egresa cuando se divorcian o mueren, o cuando un hijo se casa o cambia de ciudad debido al trabajo. En estos momentos hay un reacomodo en la familia porque se tiene que cubrir el vacío dejado por el egresado o se le tiene que dar espacio a quien recién ingresa. En el caso de un niño, el espacio que se le debe dar es grande debido a que es muy demandante en cuidados y atenciones. Estas demandas tan grandes de parte de un bebé hacen que las relaciones de la pareja sean difíciles; generalmente las parejas se adaptan debido al vínculo que se establece con el bebé. A pesar de esto, algunos no lo consiguen y entran en un conflicto difícil de discernir: por un lado está el vínculo con el niño, pero por el otro se dan cuenta de que la pareja está más ocupada en él que en ellos mismos, sobre todo la madre, quien generalmente es la encargada del cuidado del niño, lo cual les causa tristeza, coraje y envidia. Esto ocurre especialmente en personas muy indiferenciadas y con una autoestima baja.

La actitud del hombre depende de la forma como asuma la crianza. Puede ver de lejos el modo como se cuida y cría al niño o puede participar en dichos cuidados. Pero esto depende en gran medida de las condiciones sociales en las que se encuentre la pareja. Si el padre, que generalmente es el proveedor económico, trabaja todo el día, será imposible que establezca una cercanía física y emocional con sus hijos. Si ambos trabajan y mandan al niño a la guardería, será posible que se involucren en el momento de ir a recogerlo, cuidarlo, prepararlo para llevarlo a la guardería. Pero más que las condiciones económicas y sociales, que definitivamente influyen en la forma como comienzan a criarse a los niños, es la manera como se asume dicha crianza. Este estilo estará determinado, como casi todas las características psicológicas, por los estilos aprendidos en el hogar de origen y por la forma como el sujeto asuma dichos estilos. Los sujetos en ocasiones reflexionan acerca de la manera como fueron criados y, de acuerdo con su experiencia y educación particular, modifican un poco los estilos aprendidos.

Infancia de los hijos. Crecimiento laboral del hombre, de la mujer, división de actividades hogareñas. Surgimiento de problemas maritales

Durante esta etapa de la vida, ambos miembros de la pareja se encuentran muy ocupados con la crianza de los hijos. Cada uno se encuentra enfrascado en diferentes actividades, pero al mismo tiempo en un objetivo primordial: la sobrevivencia y crianza de la prole. La mujer, asumiendo su papel biológico y social, cumple con mayor responsabilidad y compromiso con la crianza de los hijos. Los tropiezos que existen en esta actividad se asumen de diferentes formas. Por ejemplo, las enfermedades de los hijos: hay quien trata de evadirse de la situación y supone que todo está bien, que el hijo no se encuentra muy enfermo. Esto es un problema debido a que tal vez no se evalúe adecuadamente la gravedad de la situación y se tengan problemas mayores. Con el primer hijo los cuidados se vuelven extremos ante la falta de experiencia.

En nuestra sociedad, debido a las condiciones sociales y económicas actuales, en muchas ocasiones los abuelos se hacen cargo del cuidado de sus nietos. Esto tiene ventajas y desventajas. Por un lado, los abuelos son mucho más tranquilos ante los problemas de salud y crianza de los niños, ya que su experiencia y edad les permite ver con más distancia las cosas. El niño se cría en un ambiente más reposado, con una estructura lo suficientemente sólida para tener seguridad. Pero, por el otro, se tienen problemas de autoridad sobre los niños. Los padres terminan, en ocasiones, convirtiéndose funcionalmente en hermanos de sus hijos, ya que quienes detentan la autoridad sobre los niños son los abuelos. A los padres no les queda alternativa porque de otra manera tendrían que asumir el cuidado de sus hijos, lo cual económicamente no se pueden permitir.

La otra alternativa es la guardería, que también tiene sus ventajas y desventajas. Por un lado, la guardería es un ambiente relativamente institucionalizado y estructurado, donde los horarios y las rutinas se establecen de tal manera que los niños terminan por acostumbrarse a ellas sin mucho problema. No existe el manejo tan emocional por parte del niño como con la madre, quien se deja llevar por el llanto de aquél. En la guardería, si el niño llora y no es el momento de su alimentación, no se le hace caso y con el tiempo aprende que cada actividad tiene su horario. En cambio, en la casa, la madre se tensa y se preocupa si el niño llora, y éste aprende a manejar su llanto para conseguir alimento, que lo carguen, que se le haga caso, etcétera.

En esta etapa del crecimiento de los hijos, los padres también se desarrollan y crecen en su propio ámbito. El padre crece en su ambiente laboral, invirtiendo mucho tiempo y esfuerzo en tratar de desarrollarse, lo cual hace que en parte se ocupe poco tiempo de los hijos. Si la madre trabaja también durante la primera infancia de los hijos, es posible que crezca laboralmente y obtenga responsabilidades y ascensos que le quiten mucho tiempo. Resulta difícil compatibilizar ambas actividades, la crianza y el trabajo, aunque hay quien consigue un balance adecuado de ambas cosas: hijos que crecieron sintiéndose seguros y protegidos en su hogar y sus padres trabajando. Pero la situación se podrá tornar difícil, si hay que delegar las responsabilidades de los hijos a los abuelos, a los tíos o hasta a empleadas domésticas que se encarguen de hacer la comida, revisar las tareas y hasta imponer las reglas y castigos a los niños.

De cualquier manera, la infancia de los hijos es una época llena de actividades que no permite hacer muchas reflexiones debido a que el objetivo primordial es, como ya se dijo, la sobrevivencia y crianza de los hijos, por un lado. Y, por el otro, la época de crecimiento profesional y laboral del padre o de ambos.

Los problemas maritales en esta época surgen por la forma diferente de ver estas actividades. El padre puede pensar que la disciplina rígida es la mejor manera de criar a los hijos, mientras que la madre puede pensar que proporcionar amor y confianza es la mejor. Estos diferentes puntos de vista causan problemas porque cada miembro de la pareja tiene la convicción de que la mejor manera es la suya. Como la esposa pasa la mayor parte del tiempo con sus hijos, termina por imponer las reglas. Al padre sólo lo consultan cuando la madre desea avalar sus decisiones o cuando no puede con los problemas. Le quita la autoridad y se la da cuando así lo desea la esposa. Al estar el padre ocupado con el trabajo, en ocasiones no tiene objeción en delegar esta responsabilidad que él no puede asumir, pero en otras es causa de problemas maritales.

En esta etapa de la vida de la pareja, las relaciones sexuales suelen espaciarse debido a la falta de tiempo y en ocasiones a la falta de interés. Hay otras cosas más importantes para la madre que tener relaciones con su esposo, como cuidar la alimentación, la ropa, la limpieza, la puntualidad de los hijos en la escuela. Y el padre también puede estar interesado en su trabajo, que le consume mucho tiempo y energía. Éste es un proceso de momentáneo alejamiento que no todas las parejas sobreviven como tales. Por este alejamiento, el hombre puede comenzar a buscar alguna relación externa, o dedicarse con todas sus energías al trabajo, o a buscar compañía y atención de sus amigos o de su familia de origen.

Ante esto, la mujer también puede resentirse y el alejamiento de su pareja puede deprimirla, aunque puede ocurrir que esté tan enfrascada en la crianza de sus hijos que ni cuenta se dé. Pero cuando se da cuenta, comienza a exigirle mayor atención. La forma como se relacionaban durante el noviazgo y el inicio del matrimonio ha cambiado y algunas mujeres no lo comprenden. El hombre, debido a su condición biológica y social (es decir, de educación), generalmente persigue durante la relación a la mujer, quien se siente halagada ante tal persecución y maneja con sabiduría las aproximaciones de su pareja para mantenerlo interesado. Cuando se casan, al inicio del matrimonio, esta forma de relación continúa, pero cuando nacen los hijos, las condiciones cambian. La mujer se tiene que ocupar durante mucho tiempo de ellos y deja a un lado momentáneamente al marido, quien puede buscar muchos satisfactores en el exterior, como ocuparse todo el tiempo en el trabajo. Cuando la esposa le reclama, el esposo puede defenderse muy bien y decir que lo hace para mantenerla a ella y a sus hijos. También puede surgirle una nueva dependencia hacia su madre, su padre o sus hermanos, la familia de origen.

La esposa se siente excluida de la vida de su marido debido a que a su familia de origen le cuenta sus problemas y les consulta lo que considera importante. En algunas familias, la madre del esposo ocupa un lugar preponderante en toda la familia extensa y controla casi todas las situaciones de sus hijos casados y solteros, además de estar atenta de todas las decisiones que toman. En otras familias, el padre ocupa este lugar, pero en nuestra cultura generalmente es la madre. Asimismo, algunas familias tienen que visitarse los fines de semana para renovar los lazos filiales. Durante estas reuniones, las jerarquías se dejan entrever con toda claridad: quién es el jefe de la familia, a quién se le consulta y se le pide ayuda, quién da consejos, quién proporciona oportunidades de empleo, e incluso quién proporciona dinero en los momentos difíciles.

Otra opción que se puede tomar son los amigos. El esposo comienza a tener gran cantidad de reuniones con sus amigos con quienes puede alcoholizarse o no, lo que potencializa una serie de problemas. La vida social del esposo gira definitivamente en torno a sus amigos, a quienes no les puede fallar en nada. Cuando se observa la lista de prioridades, los amigos se encuentran en primer lugar. Ellos le proporcionan amistad, consejo, apoyo emocional y aprobación social, en fin, cubren una gran cantidad de satisfactores emocionales que la esposa no puede proporcionar.

Por último, una posibilidad más son las relaciones extramaritales con otras mujeres. El marido puede buscar tener relaciones sexuales con otras mujeres y desear varios tipos de satisfactores tanto sexuales como emocionales. El problema de este tipo de relaciones es que puede causar la disolución del vínculo matrimonial según la forma como se asuma.

Infidelidad: etapa de búsqueda novedosa

Como se mencionó en la sección anterior, una posibilidad de disolver el vínculo de la pareja es la infidelidad. Las causas de la misma son diversas y mucho menos incomprendidas de lo que pensamos. El matrimonio monogámico es la forma ordenada y estructurada que el ser humano ha encontrado para la reproducción y la garantía de la continuidad de la especie humana. La poligamia (un hombre con varias mujeres) y la poliandria (una mujer con varios hombres) oficiales sólo ocurren en sociedades en las cuales la forma de producción social es tal que proporciona las condiciones para la misma. Sin embargo, una sociedad compleja, occidental y judeocristiana como la nuestra tiene una serie de costumbres no sólo en relación con la monogamia, sino también con otra serie de situaciones, pero en este caso hablamos del estilo monogámico de la sociedad en que vivimos.

Tanto hombres como mujeres son igualmente infieles; no obstante, son mucho más conocidas las infidelidades masculinas que las femeninas, lo que se debe a las consecuencias sociales. No es lo mismo que el hombre sea infiel a que lo sea la mujer. Incluso esta diferencia es a nivel biológico: si un hombre es infiel, no lleva un hijo ilegítimo al matrimonio, mientras que la posibilidad de que la mujer lo haga es mucho más alta.

Todas esas diferencias también hacen que la crítica social y, por lo tanto, las consecuencias de la infidelidad sean tan diferentes para los dos géneros. Así, los hombres ocultan poco sus aventuras extramaritales, mientras que las mujeres las ocultan todo lo que pueden. En el hombre es, en ciertos sectores sociales, incluso una forma de presunción tener una gran cantidad de amantes, mientras que la calificación que se da a una mujer que ha tenido más de un hombre es mucho más fuerte.

Pero existen diferentes formas de llevar a cabo esa actividad. Una de ellas es hacerlo con la discreción suficiente para que el cónyuge no se dé cuenta en lo más mínimo. Si nadie sospecha de tal cuestión, los problemas serán mínimos o no existirán. Otra forma es incluir al amante en las discusiones maritales, es decir, dejar los suficientes indicios para la sospecha, pero no confirmar el engaño. Esto proporciona varias posibilidades: por un lado, permite al infiel dar el mensaje de que no está seguro de permanecer en el matrimonio, creando inseguridad en el otro. Por otro, las discusiones pueden tornarse sin fin al tratar de desmenuzar los detalles de la situación, distrayendo la atención de verdaderos problemas emocionales que la pareja carga consigo. Se la pasan discutiendo si algo fue verdad o no, si es fulana o zutana la amante o el amante, si fue cierto que estuvo o no en determinado sitio, en fin, una serie de detalles que aparentemente tienen mucha relevancia porque determinan si algo es verdad o no. Pero la verdadera función de dichas discusiones sin fin es el ocultamiento de las inseguridades y problemas de los dos miembros de la pareja.

Las dimensiones de la infidelidad también son variadas, por ejemplo: puede ser que una persona sea infiel, pero no desea terminar con su matrimonio, sino sólo tener este tipo de aventuras. Otro estilo es aquel en el que la persona tiene una relación extramarital e involucra a la otra persona en las discusiones maritales. Es decir, da señales a su cónyuge de que tiene este tipo de relaciones para contar con un elemento de defensa en las discusiones, la amenaza con irse o con terminar su relación de matrimonio si el otro no se comporta como quiere. Por último, la persona tiene una relación extramarital porque está harta de su relación de matrimonio y desea terminar con ella. En general, se puede decir que casi todas las relaciones extramaritales están dirigidas más bien hacia la reafirmación de la autoestima y la búsqueda del placer prohibido; por ello son relaciones ocultas, ya que casi nunca tienen como finalidad terminar con el matrimonio.

Un matrimonio está atado por un conjunto muy complejo de vínculos para deshacerse por una infidelidad. Aunque ésta puede ser el detonador, la gota que colme el vaso, el gatillo disparador, la infidelidad más bien puede ser el pretexto para terminar algo que de por sí estaba funcionando mal desde hace tiempo. Y no sólo la infidelidad, sino también muchas otras cosas pueden ser el pretexto. Pero si el matrimonio es lo suficientemente consistente y sólido, será probable que no se deshaga. Puede ser que haya problemas, que se use una infidelidad como instrumento para convencer, para presionar al otro para cambiar o para obligarlo a hacer algo. De esta manera, la infidelidad se convierte en un fenómeno más con el cual lidiar dentro de la compleja red de relaciones del matrimonio.

Se dice que los hombres buscan el sexo y las mujeres el amor, sin embargo, los seres humanos son infieles debido a que buscan otro tipo de experiencias; la mujer que se encuentra aburrida dentro de su rutinario matrimonio, quiere vengarse de las infidelidades de su marido sin que él se entere; a su vez, el hombre busca nuevas aventuras sexuales, la diferencia en el acto sexual, asegurar su hombría, cumplir con un objetivo que tenía desde hace tiempo. En fin, no hay una razón única para la infidelidad. Como todo fenómeno humano social, la infidelidad es multicausal, compleja y difícil de analizar desde una sola perspectiva.

Por lo común, se considera que la infidelidad es un problema social porque representa moralmente el engaño, el pecado a escondidas, pero sobre todo, porque atenta contra la estabilidad de la sociedad. En ocasiones una infidelidad oculta llega a solidificar la relación matrimonial, lo cual parece paradójico e inmoral; sin embargo, una relación extramarital, cuando permite la comparación, la elevación de la autoestima y retomar el sentido de la existencia, puede hacer que la relación marital mejore después de terminar con la aventura o incluso durante ella. El problema ocurre cuando las cosas se confunden. Si se busca una relación extramarital para sustituir a la pareja que actualmente se tiene, será probable que el matrimonio se disuelva, pero las razones de esto existían en la misma relación y la infidelidad, como se dijo, es sólo el pretexto. Cuando estamos conscientes de que sólo queremos una aventura sin necesidad de afectar profundamente el matrimonio, será posible encontrar un equilibrio. Pero no todas las personas están preparadas para manejar una relación extramarital de forma coherente y, por lo general, ante el descubrimiento, los problemas son graves.

Adolescencia de los hijos: éstos empiezan a irse, pero la pareja se queda

Los hijos crecen a una velocidad vertiginosa y repentinamente los padres se encuentran ante un adolescente que, dependiendo de las reglas establecidas años antes, puede ser un problema o no. Cuando un hijo se considera a sí mismo un ser independiente de los padres, que puede transportarse o asistir a lugares sin la supervisión de sus progenitores, puede decidir hacerlo sin más. Cuando los padres se dan cuenta de que los hijos son independientes, procuran mantenerlos bajo control con el pretexto de que lo hacen por su bien. Demasiada supervisión es tan mala como poca supervisión; pero, nuevamente, mantener el equilibrio es algo difícil de manejar.

Respecto de la pareja, ésta puede continuar, de una manera diferente, triangulando sus conflictos por medio de sus hijos. Los permisos, las compras de cosas para los hijos y la escuela donde estudiarán son decisiones matizadas por la relación de pareja. Triangulan la relación de tal forma que aparentemente lo que se está discutiendo es la educación de los hijos, cuando en realidad es la manifestación de la relación marital.

Pero las cosas ya no son como en la infancia de los niños. Ahora los hijos se comportan de manera diferente, más meditada, más consciente y más calculada. En este sentido, los hijos suelen bandear del padre a la madre cuando les conviene. Claro que esto lo hacen desde pequeños, pero ahora es un juego mucho más complejo y consciente. Los hijos critican de forma aguda la relación de sus padres, a quienes hacen sentir mal cuando así conviene a sus intereses. Y en general estas críticas son pertinentes y dan en el meollo de la relación, lo cual lastima mucho a los padres.

Si la relación de pareja es estable pero conflictiva, el crecimiento de los hijos podrá empeorar la situación, debido a que también los problemas crecen. Los problemas en que se involucran los adolescentes pueden ser mucho más serios que los de su infancia. En ocasiones, gracias a este tipo de problemas, el matrimonio no termina. Cuando existen fuertes dificultades en el matrimonio y el hijo incurre en un problema grave, los padres se olvidan de sus problemas como pareja y se unen para hacer frente a los problemas de sus hijos. Este ciclo de situación: hijo en problemas, unión para enfrentar los problemas del hijo, se puede repetir casi de manera indefinida.

El crecimiento de un hijo implica su independencia. Para entender el concepto de madurez igual a independencia, es necesario hacer un pequeño retroceso. Cuando un niño nace, su característica más importante es su absoluta y completa dependencia tanto física como emocional de sus padres. Conforme va creciendo, se va independizando de los cuidados paternos; pero, dado que la infancia del humano es muy larga y más en una sociedad que requiere una educación más compleja para que sus integrantes tengan un empleo suficientemente remunerador, la dependencia se extiende demasiado. Esta prolongación hace en ocasiones que, una vez superada la dependencia económica y social, siga vigente la dependencia emocional. Esto se halla perfectamente sustentado por la teoría del vínculo de Bowlby en los primeros capítulos del presente trabajo. La dependencia emocional significa que el sujeto no puede resolver sus problemas sin que sus soluciones sean supervisadas por alguien a quien considera está más entrenado en resolverlos. También significa que la persona depende de los estados de ánimo del otro para crear los suyos.

Tal dependencia ocurre de forma muy clara en las relaciones de pareja. Cuando la pareja es muy indiferenciada, todo lo que haga el otro afectará al sujeto. Si el otro insulta, critica o agrede verbalmente, la pareja se resentirá demasiado; así, sus estados de ánimo dependen en gran medida de lo que haga el otro, o sea, si el otro está de buenas, la pareja disfruta, pero si está de malas, la pareja se pone también de malas. El matrimonio implica cierto grado de dependencia emocional, pues de otra manera no se conservaría, pero cuando la dependencia es excesiva, resulta perjudicial y patológica. En la medida en que un miembro de la pareja puede ver con más objetividad lo que el otro hace para controlarlo, puede haber respuestas mucho más efectivas para que la relación no se vicie.

Todo ese conjunto de estrategias que ambos miembros de la pareja hacen tiene por objetivo que el otro pueda entender y acatar su punto de vista. El problema es que el otro hace lo mismo y, al final, ninguno de los dos cambia ni cede, pero se causa mutuamente infinidad de problemas.

Los hijos se casan y la pareja se queda sola

Un hijo sólo puede crecer cuando se le permite o cuando tiene un ambiente lo suficientemente seguro para que abandone el hogar sin sentirse culpable, o cuando trata de huir del ambiente familiar que le asfixia. En el primer caso, puede hacer un matrimonio armonioso, mientras que en el segundo generalmente va a repetir los problemas de sus padres. La presión para que los seres humanos cumplan con sus deberes civiles son muchas. Y uno de los deberes de los humanos socializados es casarse, tener hijos y formar una familia. A pesar de los avances en derechos humanos que han conseguido los grupos minoritarios, la heterosexualidad es un deber, porque de esa manera los humanos se reproducen. La homosexualidad y otro tipo de prácticas sexuales no producen humanos y, por lo tanto, son condenables. Llama la atención que las prohibiciones sociales tienen, en el fondo, una justificación completamente práctica, para el buen funcionamiento de la sociedad; con el tiempo, dicha práctica se justifica con el manto de la moralidad, las buenas costumbres y la religión. Esto explica por qué la religión vigila el comportamiento moral de los ciudadanos. Una de sus funciones más importantes es el resguardo de las prácticas sociales que permiten la continuidad y reproducción de la sociedad y, por lo tanto, de la misma institución religiosa.

El problema con las parejas cuando los hijos se van de la casa es que ya no hay con quien triangular los problemas. Durante años, la pareja estuvo al pendiente del crecimiento, seguridad y desarrollo de sus hijos, incluso durante la adolescencia. Ahora la pareja está sola, uno frente al otro. Y si nunca aprendieron a convivir, a resolver sus problemas, a tolerarse, nuevamente existirá el peligro del rompimiento. De las parejas vistas en el consultorio, algunas no se separan, pero han roto todos los vínculos necesarios para seguir juntos, sin molestarse el uno al otro. El esposo encuentra todas sus actividades fuera de la casa y cuando está en ella, ve la televisión en un cuarto aparte. Pueden dormir juntos o no, pero los contactos sexuales se terminaron.

Las posibilidades son muchas y también existe la alternativa del reencuentro: un nuevo despertar en las relaciones de pareja, ocuparse ahora mucho más uno del otro e intentar satisfacer sus necesidades emocionales con más madurez, independencia y tolerancia uno respecto del otro; sin embargo, realmente debemos admitir que esta posibilidad es un poco más lejana, tomando en cuenta que las personas tienen la costumbre de coleccionar rencores para sacarlos después en el momento más inoportuno.

Uno de los problemas de la sociedad actual es la prolongación de la vida. Ante los avances de la medicina actual, la higiene, los antibióticos y la medicina preventiva, las personas tienden a vivir muchos más años, por lo que los matrimonios son mucho más largos que antes, lo que provoca problemas maritales diferentes de los surgidos en décadas anteriores. Por lo tanto, dadas las condiciones sociales y económicas de la sociedad actual, las parejas se separan con más frecuencia durante esta etapa de vida. Las posibilidades de encontrar a otra pareja y reiniciar una nueva relación marital aumentan. Ante esto, las alternativas de divorcio ocurren con mucha mayor frecuencia.

Formación, desarrollo y crecimiento de un problema marital en el contexto familiar

Después de estudiar de forma breve algunas de las etapas vitales de la familia, podemos reconsiderar el surgimiento y desarrollo del problema marital. Los problemas maritales se encuentran siempre presentes en el matrimonio, pero su intensidad es algo que interesa al psicoterapeuta. Sus diferencias y su discusión es algo normal, razonable y hasta deseable, pero cuando las diferencias se incrementan en frecuencia e intensidad, los problemas se agravan.

Debemos tomar en cuenta que las personas no suelen decir lo que verdaderamente sienten, sino que pasan gran parte de su vida tratando de dar una buena imagen, de esconder sentimientos y emociones desagradables, de negar algo evidente, de no reconocer lo que efectivamente les ocurre, de avergonzarse de lo que van a decir, de tener miedo a decir lo que sienten. En fin, son diversas razones por las cuales, por un lado, no dicen lo que verdaderamente sienten y, por el otro, de esconder incluso ante sí mismos lo que sienten. Esto puede crear dificultades porque los problemas no se afrontan como son, sino que se crea una comunicación metafórica muy compleja que difícilmente entiende el otro. Ésta es una de las posibles causas del surgimiento del problema de pareja.

La falta de cumplimiento de expectativas es otra de las causas de problemas maritales. Cada miembro de la pareja espera que el otro se comporte de cierta forma; pero cuando esto no se cumple, se tiende a presionar al otro para que satisfaga sus expectativas. Si éstas son definitivamente distintas de lo esperado, será muy probable que ocurra el divorcio. Hay ciertas cosas que una persona está dispuesta a perdonar, pero otras no. ¿Cuáles está dispuesta a perdonar y cuáles a soportar? La respuesta está en la familia de origen y sus estilos familiares particulares. Por ejemplo, si una hija ve que su padre le pega a su madre, podrá disgustarse o enojarse contra el padre, pensar que no va a tolerar que a ella le peguen. Pero los golpes son algo que su madre tolera y el matrimonio sigue adelante, pues son algo que existe dentro de la relación de pareja. Por lo tanto, este fenómeno no le es algo extraño, y si llegara a ocurrirle a la hija, probablemente, a pesar del enojo, el dolor y los gritos, no sea una causa de separación. Pero si una mujer nunca vio en su familia de origen golpes, siempre hubo respeto y formas menos drásticas de solucionar los problemas, es mucho menos probable que los golpes le parezcan algo común. Al contrario, le parecerán demasiado ofensivos a su dignidad para estar dispuesta a soportarlos. Entonces, lo que una persona se halla dispuesta a tolerar está determinado por la familia de origen. Por supuesto, hay otros factores, como la educación social del ambiente donde se desarrolla, el contacto con nuevas formas de filosofía social, los derechos humanos, etcétera.

Como dijimos anteriormente, en ocasiones el matrimonio se convierte en una especie de ring, donde los contendientes son los miembros de la pareja. La lucha por el poder, por la toma de decisiones, es motivo para concluir que uno es el único poseedor de la verdad, de la forma como se tienen que hacer las cosas. Dadas las características de una sociedad en la cual las mujeres se hacen cargo de la casa, mientras que los hombres generalmente trabajan en la calle, las decisiones de la casa las toman las mujeres estando de acuerdo el hombre e incluso éste siente un alivio cuando su esposa toma las decisiones. Pero en otras ocasiones, cuando él quiere tomar parte de estas decisiones, puede desatarse la lucha que, si bien es soterrada, puede resultar muy violenta. En este tipo de relación, las cosas pueden llegar a tal grado que lo que haga el otro es tomado como una agresión, como algo malo. En estas circunstancias y partiendo de que todo lo que el otro hace es por maldad, porque está enfermo o porque es un estúpido o estúpida, las partes se polarizan como si fueran los enemigos más irreconciliables. Lo trágico de esta situación es que estos dos enemigos viven y se acuestan juntos, y tienen hijos, casa y economía en común.

Los problemas maritales, como casi todos los fenómenos sociales, tienen sus ciclos: momentos en que se recrudecen y momentos de calma, pero no de solución, y tienen sus picos y valles, como la onda de un osciloscopio. Pero en ocasiones la onda se vuelve en el pico cada vez más alta y el valle cada vez más profundo. Si esto ocurre, será probable que los conflictos terminen en una separación física o emocional.

Capítulo 6

Soluciones terapéuticas

Para que las partes de un matrimonio o pareja en conflicto resuelvan sus problemas, en primer lugar, deben tener ganas de hacerlo. Esto puede sonar demasiado obvio, pero así es. Dentro de las posibilidades y alternativas que tome la pareja, es importante afrontar los problemas y buscar una solución, tomando en cuenta el entorno. Las posibilidades pueden ser desde hablar con un amigo, reflexionar cada uno consigo mismo acerca de lo que está ocurriendo, ir con un sacerdote que lo o la oriente o acudir a psicoterapia. Esta última opción dependerá de la educación de los miembros de la pareja, de la disponibilidad de dinero y de llegar a la conclusión de que necesitan ayuda.

Pero aun habiendo tomado la decisión, todavía hay muchos problemas por sortear. Una pareja que acude a terapia, como cualquier paciente, se encuentra en un conflicto. Por un lado, desea resolver su problema y dejar de sufrir por lo que está ocurriendo. Pero por el otro, se aferra a las soluciones que ha dado hasta ese momento. Es decir, aunque es lógico pensar que lo que ha hecho hasta ahora ha sido infructuoso, las personas tienden a pensar que si no siguen haciendo lo que han venido haciendo, las cosas van a empeorar hasta un grado incontrolable. Por ejemplo, una persona agresiva puede llegar a la conclusión de que si portándose agresiva los demás la agreden como lo hacen, si deja de comportarse agresivamente, seguramente le irá mucho peor que hasta ahora.

El terapeuta marital se mueve en el filo de una navaja. Tiene que escuchar a las dos partes y nunca aparentar que toma partido por alguna de las mismas. Por ello es que nunca debe enfocar su atención hacia un miembro de la pareja y cuando proporcione alguna directiva, la tiene que dirigir hacia los dos miembros. Además, debe establecer una verdadera relación de trabajo. En la jerga psicoanalítica se le ha llamado *rapport*, y nos referiremos a él en este libro como la relación de confianza, de compromiso y de trabajo profesional. Esta relación no es fácil de conseguir; requiere de toda la experiencia del psicoterapeuta. Pero, en términos generales, podemos dar algunos consejos para conseguirlo.

Una de las posibilidades es la vestimenta del psicoterapeuta. No tiene que ser exageradamente formal, pero cierto tipo de formalidad es importante para comenzar. Sobre todo cuando uno es joven, es importante dar la impresión de ser todo un profesional. Después es la actitud. Es importante comportarse en forma seria y con seguridad. Esto es difícil durante el período de aprendizaje, pero con el tiempo, se va consiguiendo un estilo propio.

Posteriormente hay que comenzar a construir la relación, hablando y preguntando sobre temas que no tienen relevancia emocional, tales como si le costó trabajo encontrar el lugar del consultorio. Puede comenzar a enterarse en general de quién es el paciente. Es decir, preguntar sobre su nombre, edad, escolaridad, estado civil, número de hijos que tiene, por ejemplo. Es importante explicarle al paciente, en forma muy clara, que si él mismo no le da importancia a su problema, es difícil seguir adelante con el caso. Asimismo, el terapeuta debe plantear en forma explícita que la información que obtenga durante la consulta psicológica será completamente confidencial, que nadie tendrá acceso a ella si no es con el consentimiento del paciente. Esta explicitación de la confidencialidad es importante, porque, aunque tanto el paciente como el psicoterapeuta puedan darla por hecho, es muy tranquilizador para el paciente que le sea explicado abiertamente.

Construir la relación es algo que se va haciendo paso a paso. Es difícil porque implica todas las habilidades interpersonales del terapeuta. Es dar pasos hacia adelante y algunos hacia atrás. Lo importante es, por parte del terapeuta, estar muy al pendiente de todo lo que el paciente hace y dice durante la sesión. Esto en ocasiones resulta agotador, pero es necesario para la buena marcha de la relación psicoterapéutica. Conocer profundamente al paciente, mirarlo a la cara, observar los menores cambios de expresión en sus ojos, los cambios de postura o de inflexión en la voz. El terapeuta debe considerar, por lo tanto, una serie de hipótesis acerca de lo que el paciente está sintiendo o intentando expresar. Dichas hipótesis irán siendo comprobadas, modificadas o descartadas con la información que el terapeuta vaya obteniendo durante la terapia.

Un peligro que corre el terapeuta en este aspecto, es que sostenga en forma rígida las creencias que tiene sobre su paciente. Esta rigidez con mucha seguridad lo llevará hacia el error y el mal entendido, lo que creará problemas en vez de soluciones. En este sentido, cada una de las creencias que el terapeuta tiene respecto a lo que está ocurriendo con su paciente, deben de ser formuladas, siempre, como meras hipótesis, sujetas a refutación, confirmación o cambio.

Una vez hecho esto, se procede a una evaluación del problema, por lo que debe escuchar a las dos partes. En este caso, hay dos tendencias dentro de los terapeutas familiares:

- Una, que opina que el terapeuta nunca debe citar a una de las partes porque el otro puede llegar a la conclusión de que están confabulando en contra suya. Esta tendencia dice, además, que el modelo de terapia debe ser el mismo que pretende enseñar a la pareja: es decir, un modelo de total confianza y apertura, que cualquier información debe ser compartida por ambos miembros de la pareja y el terapeuta debe promover esto.
- La otra tendencia afirma que hay ciertos asuntos que deben ser hablados a solas; que siempre habrá información que el otro no puede compartir so pena de que la relación marital empeore o se rompa de una vez. Por ejemplo, cierto tipo de información como una relación extramarital que no se quiere dar a conocer.

El terapeuta debe evaluar esta situación y tomar una decisión. Hay ocasiones en que es necesario moverse en todo momento dentro del primer modelo, de la información siempre compartida, sin secretos. Pero hay otras en que cierto tipo de información terminaría empeorando las cosas si se comparte. Por lo tanto, no hay una ley que diga que debe de hacerse de una u otra manera. Más bien será la experiencia del terapeuta, dentro de su estilo y flexibilidad, lo que hará que se tome la decisión lo más cercano a la correcta.

Durante la recolección de información, el terapeuta debe ir formándose un cuadro completo y coherente de la situación en que se está desarrollando la vida marital. Entender las habilidades que los pacientes tienen, así como de las que carecen. Si el problema no es entendido lo suficientemente, no es posible planear una intervención terapéutica. Como cualquier mecanismo complejo, es necesario e indispensable entender la lógica del funcionamiento del objeto que tenemos delante. El principal objetivo de la evaluación es el diseño y la dirección de la intervención.

Con la finalidad de evaluar un problema, se debe hacer uso de todas las herramientas disponibles. La principal herramienta es la entrevista, con la cual el terapeuta formará un cuadro coherente de lo que pasa con el sujeto.

Habrá que preguntar cuándo surgió el problema, de qué manera y cómo esto es un problema para el sujeto. También es necesario conocer el contexto familiar en que vive el paciente. Con quién se lleva bien, con quien mal, de qué manera está conformada la imagen que el paciente tiene de su dinámica familiar. Si es posible, será importante también entrevistar a su pareja, a sus padres, sus hermanos o a cualquier miembro importante de su familia para corroborar la información y ver otra imagen que tengan sobre el problema que se presenta.

En su caso, también puede ser importante hacer uso de los cuestionarios e inventarios que ya existen en el mercado psicoterapéutico. Por ejemplo, el cuestionario de ansiedad, depresión, entre otros, que condensan información importante según sea el caso del paciente.

Esta información, obtenida mediante los cuestionarios, generalmente debe ser corroborada con la obtenida durante la entrevista y a lo largo de las sesiones de intervención. Otro instrumento muy interesante, pero que se aplica según la situación y las habilidades del paciente, es el automonitoreo. Este instrumento debe aplicarse en la forma más sencilla posible y es muy útil en los casos de ansiedad y adicciones sencillas, tales como fumar, morderse las uñas, tomar café, etcétera. Sin embargo, hay momentos en los que este instrumento no debe usarse: por ejemplo, para registrar pensamientos obsesivos o depresivos.

No obstante, es necesario resaltar que toda la información obtenida debe integrarse en un análisis que guíe al terapeuta para la definición y uso de las herramientas de intervención. De otra manera, si la información no se usa para estos fines, puede resultar interesante, pero finalmente sería ociosa. Desde el punto de vista moral y ético, el terapeuta puede preguntar sobre cualquier tema de la vida del paciente, siempre y cuando esta información sea útil para el diseño de la intervención. Si no es así, se considera que verdaderamente el terapeuta está resultando morboso e intrusivo con el paciente.

A partir de la evaluación, se lleva a cabo el llamado análisis funcional, que consiste en una serie de hipótesis y suposiciones conceptuales a partir de las cuales se interpreta el problema. Este análisis funcional es muy importante porque dirige de manera directa el diseño de la intervención.

Es evidente que, a partir del entrenamiento que haya tenido el terapeuta, va a formular las técnicas que planteen las intervenciones terapéuticas. Sin embargo, cualquier técnica que se utilice, debe ser bien manejada por el terapeuta y adaptada completamente a las características de la pareja real. Al paciente lo que le interesa es que se resuelvan sus problemas, no que se apliquen ciertos tipos específicos de terapia.

Para ilustrar todo esto, a continuación presentamos ocho casos tomados de la terapia cotidiana que se practica. Todos los casos son reales y fueron extraídos de archivos terapéuticos. Primero se presentan los datos generales –cabe aclarar que los nombres son falsos para cubrir la confidencialidad de las personas reales. A continuación los datos generales que se recogieron durante la fase de evaluación. Una parte importante que presentamos en seguida, es el ya mencionado análisis funcional, parte medular de la intervención. Por último planteamos las soluciones terapéuticas utilizadas en cada caso. Si bien mencionamos algunos incidentes de la terapia, es evidente que una descripción, por más detallada que sea, difícilmente sustituirá un entrenamiento formal supervisado por un terapeuta experto. Sin embargo, tanto los casos como las soluciones terapéuticas son representativas de lo que se hace durante una intervención marital.

PAREJA 1
REBECA Y ANTONIO

Rebeca
Edad: 24 años.
Escolaridad: licenciada en derecho.
Empleo: abogada en un prestigiado bufete, encargada de llevar numerosos casos desde el punto de vista laboral.
Horario: generalmente trabaja hasta las tres de la tarde, aunque en ocasiones debe quedarse hasta tarde para revisar los casos.

Antonio
Edad: 27 años.
Escolaridad: ingeniero civil.
Empleo: supervisor de diferentes tipos de construcción en una empresa y además jefe de relaciones públicas.
Horario: entra a las 10 de la mañana, pero no tiene horario de salida ya que debe atender a los diferentes clientes, a los cuales lleva a centros nocturnos para cerrar negocios de la compañía.
Años de casados: dos.
Hijos: aún no tienen.

Descripción del problema

Rebeca y Antonio acuden a terapia debido a que tienen muchos problemas y pleitos. Éstos surgieron a raíz de que Antonio cambió de empleo. Antes se dedicaba exclusivamente a las actividades de su carrera, es decir, que supervisaba las obras de la compañía. Pero hace un año le ofrecieron la gerencia de relaciones públicas. Ahora se ve obligado a acudir de manera frecuente a comidas de negocios, cenas, y a llevar a los clientes a centros nocturnos, por ejemplo. Esto hizo que su horario se volviera completamente caótico, porque no sabe a qué hora puede llegar a su casa. A veces llega a las siete de la noche, y en otras ocasiones a las cuatro o cinco de la mañana. Aunque no son todas la noches de la semana, las veces que llega en la madrugada, Rebeca se enoja mucho debido a que le dan celos, piensa que anda con alguien más o que frecuenta prostitutas de los centros nocturnos a los que acude. Aunque Antonio nunca bebe más de la cuenta, ni fuma, llega oliendo a alcohol y a cigarro.

Rebeca proviene de un medio social bajo. Con muchas dificultades y problemas económicos terminó su carrera de derecho. Sus padres eran conserjes en un edificio elegante de oficinas. Rebeca ayudaba a su madre a limpiar las oficinas y le impresionaba mucho la oficina de un abogado. La limpieza la hacían en la noche y los muebles, los archiveros y los libros le dejaron una impresión especial. Aunque eran pobres, nunca les faltó de comer y pudo asistir a escuelas públicas, donde hizo su carrera académica. A pesar de no ser una estudiante excelente, era constante y dedicada, lo que dio buenas calificaciones, aunque no las mejores. Tuvo dos novios antes de conocer a su esposo: uno en la secundaria, que no tuvo mayores consecuencias ni dejó huellas; el otro lo tuvo durante la carrera: era un compañero de clases del cual se enamoró perdidamente. Tuvo relaciones sexuales con él, aunque se cuidó para no embarazarse. El noviazgo iba viento en popa, cuando se enteró de que su novio había embarazado a otra muchacha, y decidió dejarlo con gran pesar. Estuvo un tiempo sin ninguna relación hasta que conoció al que sería su esposo cuando ya estaba laborando. Él era un ingeniero que comenzaba su carrera profesional y se dedicaba a las ventas, por lo que comenzó a tener contacto con ella. La invitó a salir, y ella se negó en un principio, pero ante la insistencia de él, accedió. Se hicieron novios y al paso de un año, decidieron casarse. Debido a su educación, ella se sentía culpable de haber tenido relaciones sexuales con su novio anterior, se lo confesó a Antonio y éste lo aceptó. Nunca le reclamó tal evento.

Las expectativas de Rebeca en su matrimonio eran muy románticas. Ya casada, esperaba muchos detalles románticos por parte de Antonio, cosa que nunca sucedió, pues él es poco expresivo. Ella se queja de que en momentos, no sabe si él está enojado, triste o alegre. Se lo pregunta y él dice que está bien. Es ella la que lleva la economía del hogar, la que paga las cuentas en el banco y distribuye el dinero. Antonio nunca le reclama por cuestiones de dinero.

Antonio es el mayor de tres hermanos. Su padre era empleado federal, por lo que nunca tuvieron serios problemas económicos.

Su padre y su madre siempre se mantuvieron unidos, pero distantes debido a que su padre tuvo varias amantes de las que su madre se enteró. A pesar de que nunca hubo escándalos ni reclamos fuertes, se notaba la indeferencia de su madre respecto al trato que le daba a su padre. Asistió a colegios particulares, aunque no costosos. La carrera profesional la cursó en una universidad pública. Fue buen estudiante, pero no era muy dedicado. Estudiaba lo suficiente para obtener calificaciones regulares y le dedicaba mucho tiempo al futbol y a los amigos. Tuvo muchas novias y, cuando conoció a Rebeca, todavía tenía varias. Al conocerla, se enamoró perdidamente de ella y cortó las demás relaciones para dedicarse solamente a su novia. Dice nunca haberle sido infiel a su esposa, pero está harto de sus celos y demandas de atención.

Análisis funcional

Rebeca tiene problemas de autoestima a partir de la decepción que sufrió con su novio anterior, al que quería mucho y esperaba que fuera el único hombre en su vida, por lo que tuvo relaciones sexuales con él a pesar de su educación moral y religiosa. Esta decepción le dolió mucho y se sintió desvalorizada. Al encontrarse con Antonio, primero lo rechazó pensando que su vida en pareja había terminado con la decepción anterior. Pero cuando éste insistió, se formó toda una fantasía acerca de lo que podría ser una vida marital, llena de romanticismo y detalles. Éstas fueron las razones por las cuales Rebeca aceptó a Antonio. Sin embargo, esa vida marital romántica nunca se dio. Sin ser perfecto, Antonio es una persona responsable y atenta, pero no en la medida que esperaba Rebeca. En este sentido, se puede decir que tanto Rebeca como Antonio son personas con un grado de diferenciación muy bajo. Viven muy vinculados uno con el otro.

Por otro lado, Antonio también tenía grandes expectativas hacia Rebeca, las cuales no se pudieron cumplir debido a lo demandante que es Rebeca. Esperaba a una persona tranquila, que no fuera tan exigente y que fuera cariñosa. Pero Rebeca es muy exigente y demandante, y tampoco es cariñosa. Espera que su marido la mime y la quiera, pero no pone de su parte para que esto se dé en esta forma. Tampoco es capaz de decírselo, sino que sólo lo sugiere, pero cuando Antonio llega tarde de su trabajo, y muy cansado para comportarse como a ella le gustaría, tiene poca capacidad para entender mensajes no directos.

Antonio espera que su esposa sea atenta, cariñosa y tranquila; que se haga más cargo de las labores del hogar; pero esto no es posible por el trabajo de ella. Antonio no es capaz de decírselo abiertamente porque piensa que se vería muy machista si prohíbe a Rebeca trabajar. Por lo tanto, él también siente que ella no es como él esperaba.

Cuando tienen tiempo para estar juntos, ambos se exigen cosas que el otro no puede o no tiene la capacidad de cumplir. Por su parte, Rebeca, al sentir que su esposo no la quiere, se retrae y comienza a hacer las cosas en forma callada. Por la suya, Antonio, al ver el retraimiento de Rebeca, se molesta y comienza a ser cada vez más exigente. Esto pone de malas a los dos y terminan discutiendo y peleando sin decir las cosas como las sienten verdaderamente. Piensan que si dicen las cosas como son, el otro puede sentirse demasiado herido y terminar la relación.

Intervención terapéutica

Después de ver a la pareja durante tres sesiones de evaluación, tiempo durante el cual se recogió toda la información necesaria para hacer un diagnóstico de las condiciones de la pareja, se les planteó la siguiente intervención:

- Entrenamiento en comunicación.
- Terapia racional emotiva.
- Contrato conductual.

Para comenzar, se habló con los dos y se les planteó la posibilidad de comenzar una intervención que les costaría mucho trabajo, debido a que tendrían que cambiar muchas de sus actitudes y formas de ser. Ante la perspectiva de una separación, lo cual ninguno de los dos deseaba, aceptaron. Al principio se mostraron un poco reticentes y escépticos de la terapia, pero conforme fueron mejorando sus relaciones, hubo más entusiasmo.

La intervención terapéutica constó de 10 sesiones, durante las cuales se planteó a la pareja la posibilidad de dejar de depender emocionalmente uno del otro; es decir, si el otro no hacía lo que se esperaba de él, no debían sentirse mal, sino pensar que la vida era así y que no tenía nada de extraordinario; además, se les planteó la posibilidad de que el otro se comportaba en tal forma porque pensaba que era lo mejor, o por costumbre o porque tenía conflictos, pero nunca porque tenía ganas de fastidiar a su pareja.

En ese sentido, se quitaba toda mala intención del comportamiento del otro y la pareja podía explicarse su conducta por otras razones menos fuertes desde el punto de vista emocional. Asimismo, se les pidió que hicieran una lista de las situaciones y momentos durante los cuales se sentían molestos, enojados o furiosos. Dicha lista se discutió en la terapia y fueron establecidas las reglas. La primera era que no se podía ofender al otro, ponerle adjetivos, culparlo de su comportamiento. Sólo se permitía expresar el propio sentimiento que el comportamiento del otro causaba sobre sí mismo. No se podía gritar, ni vociferar ni perder la compostura, aunque se podían hacer serios reclamos, pero con calma, resaltando la emoción que se sentía en primera persona.

De acuerdo con la lista, ambas partes llegaron a un contrato en el que se comprometían a cambiar una serie de comportamientos; además se les pidió que no se sabotearan mutuamente, es decir, si el otro no cumplía, debían seguir con el contrato.

Después de 15 sesiones decidieron que se llevaban en ese momento lo suficientemente bien para dejar la terapia.

PAREJA 2
CARMEN Y ROBERTO

Carmen
Edad: 38 años.
Escolaridad: segundo año de la carrera de contaduría. No terminó la carrera debido a que se casó embarazada.
Empleo: se ocupa del hogar, pero para incrementar sus ingresos, vende productos de plástico y de belleza.

Roberto

Edad: 41 años.

Escolaridad: administrador de empresas.

Empleo: trabaja como gerente general en una empresa de plásticos.

Horario: de las nueve de la mañana a las siete de la noche, aunque generalmente se queda a trabajar hasta las 10 u 11 de la noche.

Hijos: Karla, de 17 años, que cursa el tercer año de una preparatoria particular; Roberto, de 16, que cursa el primer año en la misma preparatoria que su hermana, y Alberto, de 11 años, que cursa el sexto año de primaria.

La pareja llega a terapia debido a que Carmen se queja mucho y piensa que Roberto la engaña y no la apoya en la educación de sus hijos. Por supuesto, Roberto niega todos los cargos y se justifica continuamente diciendo que no es cierto, que tiene mucho trabajo y no puede atender todo. Es una pareja de edad media, con hijos adolescentes que tienen muchos problemas escolares. Karla ha reprobado cinco materias, tiene un novio que no es del agrado de la madre, llega tarde a casa, nunca dice dónde está y le contesta mal a ambos padres. Roberto hijo también tiene materias reprobadas y la madre sospecha que consume alguna droga.

La relación entre Carmen y Roberto comenzó desde niños; eran vecinos y se conocieron por sus hermanos, que iban en el mismo salón. Cuando Carmen cumplió 15 años se hicieron novios y continuaron juntos hasta que comenzaron a tener relaciones sexuales. Se cuidaban con condones, pero a veces no tenían el dinero suficiente para comprarlos y aun así tenían relaciones, por lo que terminaron embarazándose. Esto fue una gran tragedia en casa de ella debido a la severidad de sus padres, quienes hicieron mucho escándalo. Querían correrla de la casa, dejaron de hablarle y la sacaron de la escuela. Finalmente se casó y se fue a vivir con Roberto a casa de los padres de éste. Ésa fue una época muy difícil para Carmen, porque su suegra era una persona muy complicada en el trato cotidiano y siempre tenía problemas con ella. Carmen vivía en un cuarto más o menos aislado en la parte de arriba de la casa, pero tenía que compartir la cocina y el baño con el resto de la familia. Por otro lado, el padre de Roberto era una persona que hablaba muy fuerte y Carmen sentía que a veces sus comentarios en voz muy alta se referían a ella. Todo esto ocurrió durante los dos primeros años de su matrimonio, en los que nacieron los dos primeros hijos y Roberto terminaba de estudiar y se estabilizaba laboralmente.

Posteriormente Roberto comenzó a mejorar en el aspecto económico, pero al mismo tiempo empezó a alejarse de Carmen, debido a que tenía mucho trabajo. Ella seguía teniendo muchos problemas con su suegra y como la posición económica de Roberto iba mejor, se cambiaron a un departamento que pudieron rentar y después compraron una casa. Durante este tiempo, aunque las cosas no iban bien, tampoco había muchos conflictos. Carmen se queja de que en ese tiempo Roberto comenzó a alejarse poco a poco de ella. Él reclama que en aquella época no sintió que se alejara de su esposa y sus hijos; más bien se encontraba muy ocupado en progresar en su carrera profesional.

Según Carmen, una de las razones por las que sus hijos comenzaron a comportarse mal fue que Roberto no estaba en la casa y ella no pudo controlarlos adecuadamente. De acuerdo con Roberto, lo que pasó en realidad es que ella no les ponía mucha atención a sus hijos y no sabía controlarlos pues siempre estaba con amigas. Los dos culpan al otro de los problemas que tienen con los hijos. Todo esto fue creando cada vez más desavenencias entre ellos.

La queja principal de Carmen es que Roberto se encuentra mucho tiempo fuera de casa y que posiblemente tiene otra relación, pero carece de pruebas. Lo que ella dice es que en ocasiones le habla al celular y no le contesta. No siempre se encuentra en la oficina. Roberto dice que está harto de los celos de su esposa, de sus exigencias y de sus reclamos. Actualmente llegan a tener relaciones sexuales sólo una vez al mes, cuando mucho.

Análisis funcional

En este caso, es evidente que Carmen, entre sus actividades hogareñas, se siente asfixiada y ante su falta de habilidad para controlar a sus hijos, reclama la atención de su esposo. El nivel de diferenciación tanto de Carmen como de Roberto es muy bajo. Se necesitan uno a otro, más que amarse. Los dos intentan aferrarse a la relación, pero están muy insatisfechos con ella: sienten que no les queda otra más que seguir casados. Entre las alternativas que se plantean está intentar que el otro entienda su propia posición, pero nunca separarse o la posibilidad del cambio personal. Ambos están a la espera del momento en que el otro cambie, le entienda y así cambien las cosas.

Se puede observar que Carmen es una mujer con pocos recursos para controlar a sus hijos, imponer disciplina, controlar los permisos, etcétera. Ante esta falta de habilidad, culpa a su esposo por no estar en casa, por no hacerle caso y por no satisfacer sus necesidades emocionales. Se siente sola, inútil y con pocas ganas de intentar soluciones inteligentes o que comiencen a dar resultados. Se limita a quejarse de su esposo y de las groserías y falta de respeto de sus hijos. Esto la lleva a actuar con coraje ante Roberto, con lo que complica más las cosas.

Por el lado de Roberto, éste se limita a evadir las exigencias de su esposa. Tampoco sabe qué hacer, siente que no tiene habilidad para resolver los problemas de su casa; por eso trata de estar el máximo tiempo posible fuera de ella. En el momento de la evaluación no se sabe si tiene otra relación, aunque es posible que sí, si bien saberlo no es importante.

Ninguno de los dos se plantea la separación, pero tampoco una búsqueda conjunta de solución, por lo cual se encuentran entrampados. Cada uno exige al otro un cambio de actitud, esperando que dicho cambio ocurra en una forma más o menos mágica. Se presionan mutuamente y esperan que el otro cambie, y se aferran a su propia posición. Esto hace que las cosas no sólo no se solucionen, sino que empeoren con el tiempo.

Por su parte, los hijos se comportan mal por varias razones: en primer lugar, los padres se encuentran divididos, lo cual les permite hacer lo que se les pega la gana. Nadie es capaz de contenerlos, ni de ponerles freno. La madre se limita a gritar o a llorar, situación a la que los hijos están muy acostumbrados y saben manejar muy bien. En segundo lugar, no tienen una imagen positiva de ninguno de los dos padres, por lo cual no tienen ningún ejemplo a seguir. En tercer lugar, portarse mal tiene un efecto regulador en el hogar. Al drogarse, llegar tarde y portarse mal en general, ponen en crisis a toda la familia, por lo que los padres no pueden pensar en separarse ante la situación tan difícil de los hijos. Éstos perciben con toda claridad la postura dividida de los padres, lo que aprovechan, por un lado; pero, por el otro, la perspectiva de que éstos se separen les provoca ansiedad. En consecuencia, al portarse mal hacen que se asegure la continuidad de la familia: una continuidad muy dolorosa y con un alto costo emocional, pero al fin una continuidad.

Todos los miembros de la familia contribuyen a mantener esta costosa continuidad, que los atrapa y entrampa en un conjunto de dinámicas viciosas y que tienen dos funciones: por un lado, se sienten molestos y fastidiados por la situación; pero por el otro, debido al miedo a que la familia se desintegre, siguen con las mismas dinámicas que aseguran la continuidad. Esto es lo que sostiene el problema.

Intervención terapéutica

Dado el problema que se presentó y la manera como fue conceptualizado, se planteó la posibilidad de una intervención grupal, es decir, juntar a toda la familia. Se requirieron 10 sesiones, durante las cuales se llevó a cabo el siguiente plan de intervención:

1. *Reconocimiento y planteamiento de la problemática familiar.* En esta fase se comenzó con los pasos importantes de: establecimiento de un clima de confianza, confidencialidad y trabajo conjunto en la terapia. Se establecieron los primeros pasos para que cada miembro de la familia se comprometiera a cumplir con su trabajo y a involucrarse verdaderamente en la terapia. Se les dijo que esto iba a implicar esfuerzo, reconocimiento y mucho trabajo de cada uno.

2. *Exploración de los puntos de vista de cada integrante de la familia.* Cada miembro, alentado por el terapeuta, comenzó a expresar sus propios puntos de vista. Estas opiniones fueron sorprendentes para los integrantes, en especial la madre. A los hijos les parecieron sorprendentes las emociones y sentimientos que su madre albergaba, por lo que fueron sesiones emotivas, pero dirigidas hacia un fin específico, sin permitir nunca que surgiera el desorden ni las agresiones entre los miembros.

3. *Planteamiento de las soluciones.* Durante esta etapa se plantearon las posibilidades de solución, la cual involucraba un conjunto de cambios de todas las partes. Ello, con la finalidad de no descargar sobre alguien las culpas de lo ocurrido; es decir, al plantearse cambios a todos los miembros, nadie puede decir que es el principal culpable. Los cambios deben ser homogéneos para todos, por las mismas razones.

4. *Realización de los cambios.* Esta etapa fue difícil porque implicaba un compromiso de todas las partes. Cuando una de ellas no cumple con su tarea, existe el riesgo de que las otras decidan no seguir con los cambios. Esta posibilidad fue advertida fuertemente a toda la familia. Si uno de los miembros no cambiaba o no hacía aquello a lo que se había comprometido, los demás tenían la obligación de continuar con las instrucciones. Se hizo una lista de tareas, de las más difíciles a las más fáciles, para ir siguiéndolas poco a poco. Uno de los cambios realizados fue poner reglas de comportamiento en el hogar. Se planteó un conjunto de conductas que se declararon inadmisibles, como drogarse, beber alcohol en exceso, llegar demasiado tarde sin haber avisado y no ajustarse a los permisos que otorgaran los padres.

5. *Seguimiento de los cambios.* Cuando los cambios comenzaron a ejecutarse, poco a poco se fueron acelerando. Cada uno fue siguiendo con mucho esfuerzo las tareas que se les iban a asignando. Debían comenzar a tomar en cuenta al otro con la finalidad de regular su propio comportamiento. Algo muy importante fue saber lo que el otro pensaba y sentía, lo cual nunca había pasado. Cada cual sacaba sus propias conclusiones y, por lo tanto, su comportamiento estaba regulado por esto.

A pesar de que este trabajo implicó todas las habilidades del terapeuta (es decir, resultó muy difícil y complicada la intervención), comenzó a tener buenos resultados. En un principio hubo mucha reticencia del padre, quien pretextaba tener mucho trabajo para asistir a la terapia o comprometerse a hacer ciertas tareas. Sin embargo, conforme fue transcurriendo el tiempo, las cosas fueron cambiando poco a poco. A pesar de esto, no llevó demasiado tiempo.

Dado que Carmen no tenía ninguna prueba concreta sobre la infidelidad de su esposo, el punto sólo fue tocado en una ocasión frente a toda la familia. Roberto negó absolutamente todo y se comprometió a dejar de tener comportamientos que provocaran los celos de Carmen. En las siguientes sesiones, al cumplir Roberto con lo convenido, se consideró que el punto había sido superado.

La terapia concluyó a sugerencia del terapeuta, lo cual aceptó con gusto la familia porque deseaba volver a ocupar el tiempo de la terapia en otras actividades. Si bien los problemas no se habían resuelto en su totalidad, estaban en niveles manejables. Carmen comenzó a tener más confianza y compromiso en la educación y disciplina de sus hijos para corregirlos sin llegar al conflicto, es decir, empezó a disciplinarlos con firmeza, sin necesidad de gritar ni de hacer chantajes sentimentales. Por su parte, Roberto empezó a interesarse mucho más en los problemas de la familia. Algo que el terapeuta les sugirió es que toda la familia saliera a divertirse en un ambiente de cordialidad y sin demasiadas presiones. Los hijos comenzaron a comportarse en niveles aceptables de disciplina.

PAREJA 3
Laura y Miguel

Laura
Edad: 48 años.
Escolaridad: secretaria ejecutiva.
Empleo: se dedica al hogar.

Miguel
Edad: 47 años.
Escolaridad: primaria.
Empleo: tiene un negocio propio de venta de pollos al mayoreo.
Horario: se levanta a las cinco de la mañana, acude al negocio y generalmente regresa a las siete de la noche.
Hijos: Laura, de 12 años, que cursa el quinto año de primaria; Vicente, de 10, que cursa el cuarto año de primaria; y Évelyn, de un año de edad.

Laura se casó a los 20 años con otra persona, con quien vivió cinco años y no tuvo hijos. Aparentemente, de acuerdo con el informe de

Laura, su primer marido se hizo alcohólico, lo cual la decepcionó tanto, que se divorció de él. Después del divorcio, quedó muy dolida, por lo que dejó de tener relaciones con el sexo opuesto durante algunos años, antes de encontrarse con su pareja actual. Desde que se divorció de su primer esposo, vivió con su madre hasta que después de una larga enfermedad, ésta murió. Laura informa que, entre el divorcio y la enfermedad de su madre, pasaron muchos años de depresión y sufrimiento; pero la enfermedad de su madre la mantenía ocupada y preocupada.

Cuando conoció a Miguel, al principio le pareció que era uno más de los muchos hombres que antes la habían pretendido, pero a quienes nunca les había hecho caso. Sin embargo, Miguel insistió lo suficiente y Laura encontró en él la comprensión y el amor que buscaba. Al menos así le pareció al principio.

Miguel relata que procede de provincia; sus padres eran campesinos muy pobres; por esta razón, sólo pudo concluir, con muchos esfuerzos, la primaria. De niño trabajó en el campo, una labor muy difícil y agotadora. Cuando tenía aproximadamente 14 años, emigró a la ciudad de México, donde trabajó en varios lugares, hasta que puso un puesto de venta de pollos. Con el tiempo, su negocio ha progresado y actualmente se dedica a la venta de pollo al mayoreo. Siempre le ha dedicado mucho tiempo; actualmente su negocio va bastante bien y le ha dado las suficientes posibilidades económicas para tener casa, auto último modelo y a sus hijos en escuelas particulares.

Miguel y Laura se conocieron en la oficina donde Laura trabajaba. Miguel tuvo que insistir mucho antes de que ella aceptara salir con él; reporta que siempre Laura le gustó mucho y que pensaba que era la mujer más bonita que había conocido. También afirma que siempre ha pensado que Laura tiene clase, que es más valiosa que él.

Una vez casados, se llevaron muy bien durante los dos primeros años. No tenían ningún tipo de problema. Sin embargo, los problemas comenzaron cuando nacieron los hijos. Las largas ausencias de Miguel mientras Laura cuidaba a los hijos hacían que ésta se desesperara. Miguel no comprendía las razones de las exigencias de Laura, ya que él únicamente iba a trabajar.

Los dos primeros hijos fueron planeados y llegaron en medio de mucho regocijo. Laura menciona que los esperó con mucha ilusión, los cuidó y les dedicó todo su tiempo y esfuerzo. Tenía mucha paciencia para educarlos y para llevarlos a la escuela. Habían decidido no tener más hijos y usaban como anticonceptivo el método del ritmo con la idea de que Laura se hiciera la salpingoclasia posteriormente. Todo iba bien en apariencia cuando, después de ocho años, Laura quedó embarazada de nuevo. Este embarazo fue muy conflictivo para ella porque no deseaba otro hijo. Le parecía muy pesado iniciar con otro hijo recién nacido después de tantos años. Miguel no deseaba que abortara, pero ella lo consideró con seriedad. Finalmente, después de platicar entre ellos y a pesar de la oposición de Laura, nació Évelyn. La niña es una carga muy pesada para la madre porque ha resultado muy inquieta, ante la desesperación de Laura. Ésta se queja de que no puede salir por la niña, que no puede dedicarles el tiempo que quisiera a sus otros hijos y que no puede ir al gimnasio como quisiera porque la niña es muy demandante, chillona y exigente. Esto la ha llevado a tener algunos conflictos con sus dos hijos mayores, aunque dice que en general no le representan un problema inmanejable. Más bien dice que el sentido de su vida lo representan sus hijos. A pesar de todo, quiere mucho a su hija pequeña y dice estar dispuesta a sacrificarlo todo para que la niña crezca sana y feliz.

En una ocasión alguien le habló a su esposo al celular, contestó Laura y era una mujer. Esto la enojó mucho, y se pelearon a tal grado que Miguel se salió de la casa por unos días. Durante este tiempo, Laura estuvo muy deprimida y fue ella quien buscó a Miguel para que regresara a casa. Dice que por sus hijos es capaz de todo, incluso de soportar las infidelidades de su esposo. Esto ha ocasionado muchos pleitos y desavenencias en el matrimonio. Aparentemente, Miguel tiene varias relaciones fuera de su matrimonio, lo que hace que Laura se enoje con él de manera constante. Sin embargo, parece que esto sólo es motivo de pleito y Laura no plantea separarse de él por esta causa.

Lo que a Laura le gustaría es que Miguel no permaneciera tanto tiempo fuera de casa y que le hiciera más caso. Por su lado, Miguel dice que le gustaría que Laura no fuera tan enojona, que dejara de ser tan exigente y, sobre todo, que no se deprimiera tanto.

Análisis funcional

En este matrimonio, Laura es una persona que tiende a deprimirse debido a su historia personal: un divorcio anterior y la muerte de su madre. Como una forma de aferrarse a su vida actual, exige mucha más atención de su esposo y de sus hijos. El sentido principal de su vida está en sus hijos. Cuando se divorció y posteriormente murió su madre, pensó que todo había terminado para ella, pero después conoció a Miguel como la posibilidad de rehacer su existencia y darle un sentido. Por ello, no le importan mucho las infidelidades de su marido, porque se considera lo suficientemente agradecida para permitirle este tipo de relaciones. En realidad, cuando dice ponerse celosa, no lo hace tanto para prohibir a su marido tener aventuras, sino porque cree que su esposo debe prestarle mayor atención.

Miguel es una persona relativamente insegura, que busca constantemente reafirmar su hombría y valía personal tanto con su esposa como con sus relaciones extramaritales. Su procedencia humilde hace que surja a menudo esta necesidad de reafirmación. Sin embargo, está muy interesado en continuar su relación con Laura, es decir, sus infidelidades no tienen como objetivo terminar con su matrimonio. Más bien el objetivo de tener estas relaciones es continuar la relación con su esposa.

Las expectativas de Laura respecto a su matrimonio no se han visto cumplidas debido al comportamiento de Miguel. Lo más importante de esta relación es que Laura espera mucha más atención de Miguel; y se aferra a la relación con él con la misma fuerza conque se sentía sola y acabada antes de tener esta relación. Miguel, para Laura, representa la reconstrucción de su vida, la posibilidad de tener una familia que creía perdida, la familia que, tal vez por su edad y su divorcio, ya no iba a llegar a su vida. Para Laura, si llegara a terminar su relación con Miguel, representaría el final de su familia, una pérdida: del padre de sus hijos, del estatus social que para ella representa ser una mujer casada, de su estabilidad sexual y económica. Por lo tanto, el nivel de diferenciación de Laura es muy bajo y su dependencia emocional muy alta. En consecuencia, Laura se encuentra acercándose y alejándose constantemente de su esposo. Le pide atención, cercanía, que cumpla con sus necesidades emocionales, pero al mismo tiempo lo aleja, le dice que no cumple con lo que espera y se retira. Ante estos comportamientos erráticos, Miguel, otra persona con diferenciación baja, también se aleja, lo cual genera un conflicto y un círculo vicioso que provoca ansiedad en ambas partes.

También para Miguel, Laura representa varias cosas: ser la madre de sus hijos, así como estabilidad social y marital. A diferencia de Laura, este matrimonio para Miguel significa el estatus social y económico que no tuvo cuando era niño. El origen económico y social de Miguel es importante para explicar la forma como se aferra a su relación de matrimonio. La dependencia emocional es grande para ambas partes, por lo que constantemente se exigen uno al otro cambiar su comportamiento. Pero cuando uno consigue que el otro modifique su conducta, no está a gusto y exige inmediatamente lo contrario, por ejemplo: Laura exige atención a Miguel y cuando la obtiene, ella se siente abrumada, no sabe qué hacer con dicho acercamiento y trata de alejar a Miguel. Una vez que éste se aleja, de inmediato vuelve a exigirle que se acerque y la atienda, y así sucesivamente. Por su parte, Miguel exige a Laura que comprenda su postura dentro de un marco de referencia marital con reglas diferentes de las de Laura. También le pide atención y comprensión, pero cuando lo consigue, le molesta la postura de su esposa y se aleja de ella. De esta forma, los dos se encuentran en un círculo vicioso aparentemente sin fin.

Intervención terapéutica

Lo planteado a esta pareja fue un plan de intervención que tenía las siguientes propuestas:

1. *Terapia racional emotiva.* Después de establecer la relación de confianza y de trabajo, se les dio un entrenamiento formal en terapia racional emotiva que consistió en las siguientes fases:

- Demostrar que las emociones son resultado de lo que las personas piensan de sus problemas, más que de los problemas mismos.

- Hacer un esquema del ABC de la terapia racional emotiva. Dicho esquema se explica y se demuestra lógicamente con ejemplos del terapeuta y del paciente.
- Identificar las principales ideas irracionales del paciente para discutirlas.
- Pedir un registro de todas las situaciones que les provocan estados de ánimo negativos.
- Discutir cada situación a la luz de la terapia racional emotiva durante las sesiones.
- La terapia termina cuando el paciente domina las ideas racionales aplicadas a su vida cotidiana.

2. *Entrenamiento asertivo.* Con la finalidad de hacer un reconocimiento de los derechos de cada miembro de la familia, se llevó a cabo un entrenamiento asertivo, el cual tuvo como finalidad que ambos miembros de la pareja hicieran un reconocimiento de aquello a lo que tenían derecho. De la misma forma, también se hicieron ensayos conductuales con la idea de que aprendieran a discutir sin necesidad de llegar a la agresión. Uno de los asuntos más importantes que se discutieron durante las sesiones fue el derecho de Laura a exigir respeto de Miguel: que reconociera y exigiera sus derechos en una situación mutua de respeto.

Las sesiones de tratamiento fueron aproximadamente 15, durante las cuales se trabajó siempre con ambos miembros de la pareja. A veces las sesiones se tornaban difíciles porque se discutían temas que ponían agresivos a uno con el otro. Sin embargo, para resolver esto se hacía a un lado el tema de discusión y se analizaban los papeles que ambos desempeñaban en ese momento. De esta manera, el nivel de discusión, además de distraer la atención hacia algo que tenía menos carga emocional, aumentaba en su abstracción y posibilitaba encontrar una alternativa viable.

PAREJA 4
ADELA Y ARMANDO

Adela
Edad: 60 años.
Escolaridad: profesora de primaria.
Empleo: jubilada del magisterio.

Armando

Edad: 62 años.

Escolaridad: profesor de primaria.

Empleo: jubilado del magisterio.

Años de casados: 42.

Hijos: cinco, tres hombres y dos mujeres, todos actualmente casados y viviendo aparte. Tres de sus hijos viven en diferentes estados del país y los otros dos en colonias distantes del domicilio paterno.

Ambos miembros de la pareja están jubilados. Su principal queja es que, a partir de que viven solos, desde que su último hijo se casó, están molestos uno con el otro y se sienten incómodos en su relación.

Adela se queja de que su esposo tiene muy mal carácter, con estallidos de ira y coraje, lo cual a ella le molesta mucho y le dice que está loco y que debe acudir a un psicólogo.

Armando hizo varios negocios a la par de su carrera magisterial y, en un tiempo, le fue extraordinariamente bien, por lo que pudo construir una casa muy grande que en la actualidad habita una de sus hijas. Armando se queja mucho de que Adela no lo toma en cuenta, sobre todo en el área sexual. Dice que cuando sale con sus amigas, se arregla muy bien, pero cuando le pide que lo haga para él no lo hace. Él responde poniéndole mala cara y dejando de hacerle caso. Adela tampoco dice nada y espera que se le baje el coraje a su marido, sin hacer algo para resolver las cosas. En muchas ocasiones, Adela se niega a tener relaciones sexuales con Armando, lo cual a él le desespera. Dice que, a pesar de tener tantos años de casados, el cuerpo de su esposa le sigue gustando mucho y desea tener relaciones con más frecuencia de lo que a ella le gustaría.

En un inicio, se tuvieron tres sesiones con Armando a solas, por lo que se recopiló información sobre su matrimonio únicamente desde su punto de vista. Después se habló a solas también con Adela; la información de ambos fue considerada confidencial, ya que los dos habían tenido relaciones extramaritales.

De acuerdo con la versión de Armando, como ya mencionamos, se queja de la falta de atención interpersonal y sexual de Adela. Pero también comentó que tuvo una relación de amasiato con una mujer durante cinco años, relación que afectaba mucho su matrimonio. Él se había descarado tanto, que su esposa encontraba frecuentemente prendas de ropa interior en el auto. Adela le decía, en forma sarcástica, que procurara buscarse a una mujer más fina, que usara mejores prendas y no este tipo de ropa tan corriente. Armando pensaba seriamente en divorciarse para irse a vivir con su amante, pero descubrió de modo casual que ésta lo engañaba. Incluso, ya tenía un departamento pequeño donde se veía con ella. Platicó que en una ocasión ya había salido del departamento, adonde tuvo que regresar después de un rato porque había olvidado unos papeles. Al volver se encontró con una vecina, quien le informó que su amante no estaba sola, sino que se hallaba con otro hombre. Armando esperó un rato hasta que los vio salir tomados del brazo. Se enfrentó con ellos y el hombre lo retó a golpes, pero él dijo que no estaba interesado en eso, sino que más bien se quedara con ella, que no había problema. La amante sólo levantó los hombros y expresó: "Bueno, pues ya nos caíste y nada más puedo hacer". Armando añadió que esto, aunque sea en forma casual, salvó su matrimonio. Le confesó todo a Adela, quien le dijo que no había problema, pero que no se acercara sexualmente a ella por un tiempo, hasta que pudiera perdonarlo. Ante sus hijos y las demás personas, aparentemente nunca ha habido desavenencias entre ellos. De esto se enteraron sólo los dos y nadie más.

Armando habla muy bien de su esposa, de quien dice que es una amiga maravillosa, una gran mujer. Adela es hija adoptiva y actualmente tiene que cuidar a su madre y hermana adoptivas, porque padecen de esquizofrenia y están internadas en un hospital. Él afirma que Adela logró integrarse muy bien con su familia y que fue buena hija; sin embargo, una de las quejas que Armando tiene es que le "prestó" 300 000 pesos a su hijo menor, los cuales seguramente no le regresará. Dice que consiente mucho a su hijo y que permite que abuse de ella. Esto le molesta excesivamente a Armando, quien agrega que de momento no tiene necesidad de este dinero, pero que posteriormente la tendrá.

La principal queja de Armando con Adela son las relaciones sexuales. Adela se niega generalmente a tenerlas, le da largas al asunto y no le permite verla desnuda, ni en la intimidad de su cuarto. Entra al baño, se pone su bata y con ella se acuesta. Armando le ha dicho repetidas veces que quiere verla desnuda y ella acepta; pero cuando llegan a su recámara, Adela hace como que se le olvidó su promesa, se mete al baño, se cambia y se acuesta. Ante esto, Armando se enoja, se voltea dando la espalda a Adela y se duerme molesto. Adela no dice nada, se quedan molestos por unos días y el problema pasa.

Al hablar a solas con Adela, ella dijo varias cosas importantes para la evaluación del caso. Afirmó que con el tiempo se dio cuenta de que su preferencia sexual no era heterosexual, sino homosexual. Expresó que los hombres le gustan, pero nunca le excitaron sexualmente; sin embargo, nunca dio rienda suelta a sus impulsos. En la época en que Adela creció, no tenía opciones. Se casó porque no tenía más opción que hacerlo. También mencionó que tuvo una relación extramarital durante 10 años, pero que Armando nunca se enteró de esto. Era un señor de edad, y Adela decía que le atraía de él que platicaban mucho, él la escuchaba y ella valoraba eso. Ésta terminó porque, como el señor era mucho mayor que ella, se jubiló y se fue a vivir a provincia.

Habíamos mencionado que Adela fue una hija adoptiva; la sacaron de una casa de cuna cuando tenía 11 meses. Afirma que tuvo una familia maravillosa, pero que afortunadamente es adoptiva, en el sentido de que su hermana es esquizofrénica y su madre también. Por lo tanto, no tiene que cargar con los genes de una familia loca. En la actualidad tiene que hacerse cargo de las dos, lo cual es una de las mayores quejas de la señora: tiene que cargar con su madre y hermana y ahora también con su esposo, quien, con la edad, se ha vuelto del todo dependiente. Adela afirma que Armando no da un paso sin ella, que le gustaría mucho que hiciera sus cosas por su lado, sin ne- cesidad de que ella intervenga, pero no es así. Por lo tanto, Adela tiene muchas amigas con quienes convive y se va a tomar café, además de que asiste a reuniones y fiestas. Éste es su descanso cuando no tiene que ir con Armando.

Tanto Adela como Armando coinciden en afirmar que tuvieron unos hijos maravillosos. Todos están casados, son profesionales y viven por separado, excepto una de sus hijas, quien vive al lado de ellos en la casa que era de la familia. Sus hijos a veces tienen problemas, pero dicen no meterse en ellos.

Análisis funcional

Adela y Armando constituyen un matrimonio que se encuentra en edad avanzada, aunque ambos en buen estado de salud. A sus 42 años de matrimonio, han pasado por muchas vicisitudes, a pesar de las cuales se mantienen unidos, más por la costumbre que por las ganas de seguir juntos.

Ninguno de los dos tiene un carácter violento, lo cual hace que los pleitos puedan resolverse con relativa calma, sin agresiones innecesarias. Adela es una mujer lo suficientemente inteligente para darse cuenta de sus inclinaciones sexuales y de sus obligaciones sociales, de tal modo que en su vida siempre han imperado las últimas. Y, aunque está consciente de sus inclinaciones homosexuales, nunca las llevó a cabo.

Adela dice haber tenido una buena familia adoptiva con quien se llevó muy bien siempre hasta que se casó. Logró adaptarse a las condiciones que se le ofrecieron y asumió positivamente su posición de adoptada, sin amargura y sin problemas. Encontró esta forma de afrontar este hecho de su vida y su persona de tal manera que no le provocara muchos problemas ni conflictos. Creció en un ambiente familiar, internalizando profundamente la obligación de tener una familia, hijos, marido y casa.

Siempre supo que su esposo no le era fiel, pero como nunca sintió mucha atracción hacia él, no se le dificultó afrontarlo, ni le preocupaba mucho. Ha llevado adelante su matrimonio como una obligación y una carga, más que como un gusto y un deseo. En este sentido, no le preocupaba que su marido tuviera alguna amante. Por un lado, le quitaba de encima la obligación de tener relaciones sexuales y si Armando se separaba de ella, le quitaba la obligación de estar casada. Como ha vivido de esta manera sus 42 años de casada, nunca sufrió de celos o de altas expectativas no cumplidas respecto a su esposo. Esto le ha permitido ser tolerante con Armando y hasta comprensiva; pero a estas alturas de su matrimonio, se encuentra cansada de ser tan tolerante y de que su esposo sea emocionalmente tan dependiente de ella.

La relación de amasiato de Adela fue más en términos de necesidades emocionales que sexuales. Buscó en su amante algo que nunca encontró en su marido: una verdadera intimidad, un lugar donde se sintiera a gusto para hablar, para expresar sus emociones y sentimientos de una manera libre y abierta. Esto no lo podía hacer con Armando, debido a los compromisos sociales que se establecen con un marido. Socialmente hay muchas cosas íntimas que una persona no puede hablar de forma libre con un cónyuge y sí con un amante. Por ejemplo, con su amante podía hablar acerca de sus gustos e inclinaciones homosexuales, lo cual no podía confiarle a su marido porque se ofendería o no habría podido comprenderla.

En este sentido, Adela tiene un nivel de diferenciación un poco más alto que el de Armando. A pesar de esto, en Adela siempre han imperado sus obligaciones sociales y familiares como mujer. A pesar de ella, ha cumplido cabalmente dichas obligaciones de manera bastante exitosa.

En el mismo tenor, Armando también ha cumplido sus deberes sociales y maritales como esposo, aunque su postura como hombre le ha permitido ser más explícito en sus relaciones extramaritales y tener mayor cantidad de relaciones de este tipo. Pero a la larga, ha demostrado tener un nivel de diferenciación más bajo que el de Adela, quien está mucho más consciente de la situación en que viven. En este sentido, la sexualidad de Armando se ha volcado completamente hacia su esposa, a la cual nunca le ha parecido atractiva esta actividad. Adela accede más como obligación que con gusto a las relaciones sexuales.

Ambos han cumplido en forma cabal con lo encargado socialmente: casarse, tener y criar hijos, vivir una posición económica y familiar estable, no separarse ni hacer escándalos por sus inclinaciones; han vivido sus vidas de una manera tal que siempre han conservado las apariencias. Ante sus hijos y la comunidad que los conoce y los rodea, son una pareja ejemplar, sin demasiados pleitos, siempre trabajando, preocupados por su casa y su familia, a la vez que criando y cuidando a su descendencia.

Pero a estas alturas de su matrimonio, ambos se encuentran más o menos hartos de la situación. Se puede decir que Armando es quien solicita la atención y los cuidados de Adela. Como hombre jubilado al cual se le ha retirado de sus actividades laborales y sociales, busca refugio en su esposa. Por su parte, Adela ya no quiere asumir dicha responsabilidad, pues siente que hizo lo suficiente con sus hijos y hasta con su marido durante muchos años. Ella ha sido la cuidadora, quien ha proporcionado no sólo los cuidados materiales, sino también los emocionales a todos los miembros de su familia. Ha entregado sus hijos a sus respectivos cónyuges, con lo cual se han independizado de ella. Pero aún sigue casada con Armando, el cual, por la edad que tiene, ahora es más demandante. Estas demandas se manifiestan por medio de sus exigencias sexuales. Mediante la sexualidad, él expresa su necesidad emocional de tener a alguien a su lado que lo apoye emocionalmente.

Intervención terapéutica

El plan terapéutico para Adela y Armando fue el siguiente:

1. *Entrenamiento en asertividad y comunicación.* Se hizo una sesión en la cual se llevó a cabo un análisis de la situación marital que vivían. Dado esto, se aclaró que ninguno de ellos deseaba separarse o divorciarse a pesar de las circunstancias. Uno de los ejercicios que se hicieron en este entrenamiento fue un juego de intercambio de papeles. Les costó mucho trabajo ponerse en el lugar de otro y buscar sus razonamientos, es decir, cuál era la forma de pensar del otro y por qué se comportaba como lo hacía. Se entrenó la forma de discutir sin necesidad de agredirse o de generar altos niveles de estados emocionales negativos.

Para el entrenamiento específico en asertividad, se hizo una lista de situaciones interpersonales en las que especialmente había problemas. Esta lista se ordenó de la situación menos difícil a la más difícil y se comenzó a hacer un juego de papeles con la menos difícil. Se fue avanzando hasta llegar a la más difícil. Cada situación de la lista era discutida en detalle con Adela y Armando para encontrar la mejor alternativa. El terapeuta modelaba y moldeaba cada conducta por entrenar. En ocasiones fungía como Adela y en otras como Armando para modelar la forma asertiva de responder. Se daba retroalimentación a cada ejecución y de este modo se moldearon las conductas.

2. *Análisis de la problemática actual para crear soluciones.* A partir de las discusiones sobre lo que ocurría en el matrimonio, se hizo

un análisis y se impulsaba a los miembros de la pareja a que sugirieran las alternativas de solución. Al principio se negaron, pero una vez que tomaron un poco más de confianza, fueron utilizando su propia inventiva, lo cual resultó muy útil porque se dieron cuenta de que tenían la capacidad para idear soluciones.

La psicoterapia terminó cuando Adela y Armando cambiaron de domicilio y les parecía muy lejos para llegar al consultorio. Por otro lado, no se sentían tan motivados a seguir sometiéndose a ella porque habían avanzado lo suficiente para solucionar sus problemas por ellos mismos.

PAREJA 5
ADRIANA Y CARLOS

Adriana
Edad: 40 años.
Escolaridad: preparatoria.
Empleo: actualmente sólo se dedica al hogar.

Carlos
Edad: 45 años.
Escolaridad: pasante de ingeniero industrial.
Empleo: jefe de ventas en una empresa que vende tubería inoxidable a nivel industrial.
Horario: de 9 de la mañana a 7 de la tarde.
Años de casados: 12.
Hijos: Fernando, de 12 años, que cursa el sexto grado de primaria, y Betsabé, de 9, que estudia el tercer año de primaria.

Carlos y Adriana proceden de familias muy diferentes. La familia de Adriana está integrada por padre, madre y hermanos. Su padre tuvo un negocio propio que le permitió dar a su familia una vida relativamente acomodada. Adriana fue una niña muy consentida que siempre tuvo todo lo que quiso: le importó siempre su posición social y el qué dirán y siempre asistió a colegios privados de cierto prestigio. Cuando era niña, le gustaba mucho presumir de su posición y de las cosas que llevaba al colegio, como su uniforme, sus libros, etcétera. A ella le gusta ser niña "bien" y juntarse con personas parecidas. Durante la entrevista de evaluación narró que tuvo un novio de nombre Pascual y que nada más por su nombre terminó con él. No cursó una carrera profesional porque decidió mejor casarse (estaba cursando la carrera comercial de azafata). En una ocasión cuando llegaba a la escuela, alguien desde atrás le manoseó los glúteos. Cuando volteó no supo quién había sido y llegó llorando a la escuela. A partir de ese momento, dejó de ir a la escuela.

Carlos procede de una familia desintegrada. Fue el primer hijo del matrimonio de su padre con su madre y sólo tuvo una hermana menor. Cuando tenía aproximadamente 10 años de edad, su madre decidió irse de la casa, y quedaron él y su hermana a cargo de los abuelos paternos. A su madre no la volvió a ver sino hasta que fue adulto y la relación que tiene con ella es completamente distante. Su padre continuó viendo por sus hijos, pero se limitaba en gran medida sólo al aspecto económico.

Quien fungió como padre para él y su hermana fue un tío paterno soltero. Aunque hay más cercanía con su padre que con su madre, tampoco hubo mucha. Cuando vivió con sus abuelos, éstos eran personas de edad avanzada, por lo cual los percibía como tranquilos, no agresivos. Durante los primeros años de estudio, Carlos fue un estudiante regular con tendencia a malo y en la secundaria reprobó varias materias. Sin embargo, uno de sus tíos habló con él y le explicó que si no estudiaba y cursaba una carrera, trabajaría como obrero y no ganaría mucho dinero. Aparentemente esta reconvención surtió efecto, por lo que aprobó sus materias y cursó el bachillerato con mucho éxito. Igualmente pasó con su carrera profesional, pero cuando se encontraba en el último año se puso a trabajar. El trabajo fue absorbiéndolo y finalmente terminó trabajando de tiempo completo. Durante su juventud tuvo muchas novias hasta que se encontró a Adriana, con quien congenió maravillosamente y decidieron casarse. Para entonces a Carlos le iba muy bien en el trabajo y pudo dar el enganche para comprar una casa y amueblarla.

Durante los primeros años de matrimonio, todo fue muy bien; pero, con el paso del tiempo, y con la llegada de los hijos, las cosas se complicaron a pesar de que los dos fueron planeados. A Adriana le parece abrumadora la tarea de criar a sus hijos; en especial tiene muchos problemas con su hijo mayor, el cual la supera en autoridad y termina haciendo lo que quiere, la reta y Adriana no sabe cómo manejarlo y disciplinarlo. Carlos tiene un carácter más o menos tranquilo, pero se violenta mucho cuando llega a enojarse; grita muchas groserías, arroja y rompe cosas. Esto asusta mucho a Adriana, quien le teme, a pesar de que nunca la ha golpeado.

En ese contexto, Adriana acude a terapia debido a los celos tremendos que tiene Carlos a partir de que ella le dio un *aventón* en su auto a un vecino. Ella narra que iba a la escuela de sus hijos cuando se encontró con su vecino, que esperaba el transporte colectivo. Es un hombre soltero más o menos de la misma edad que Adriana. No vio nada de malo en subirlo a su coche y darle un aventón a su trabajo, que le quedaba de paso a la escuela de sus hijos. Aparentemente, alguna vecina vio el incidente y se lo contó con algunos detalles más a Carlos, quien se puso furioso y le reclamó airadamente a Adriana; ella se defendió y dijo que no tenía nada de malo, pero Carlos no le cree mucho. Los argumentos de Carlos son que tal vez es cierto que Adriana jamás lo haya engañado, pero que ella es muy ingenua respecto a lo que hace, no mide las consecuencias de sus actos, ni piensa en lo que podría pasar si hace tal o cual cosa. Con este argumento se mueve Adriana: lo hizo sin pensar si lo que hacía estaba mal. Por lo pronto, la situación dentro del hogar se ha vuelto muy tensa. Carlos está muy molesto y así se comporta con Adriana; casi no le habla y le contesta de manera grosera cuando ella le habla. Ante tal situación, los dos quedaron en acudir a terapia para resolver su problemática marital.

Análisis funcional

Adriana jamás ha confesado haber tenido una aventura extramarital, pero esto no es lo importante, sino su postura ante la situación. Es evidente la falta de cariño con que creció Carlos. Sus modelos de pareja y de familia fueron sus tíos paternos; a pesar de esto, Carlos nunca tuvo una familia propia, hasta que se casó con Adriana. Por lo tanto, es poco probable que Carlos decida separarse de Adriana o que busque a fondo si es cierto o no que le ha sido infiel. Sin embargo, su autoestima se vio muy dañada cuando la vecina le enteró de la posible relación de su esposa con el vecino. A pesar de todo esto, Carlos prefiere pensar en la ingenuidad de su esposa, porque así pone a salvo su matrimonio y la imagen que prefiere tener de Adriana.

El centro del problema son, en este caso, las expectativas de cada uno de los miembros de la pareja, que no se cumplen. Por su lado, Carlos tiene muchas ganas de conservar tanto su matrimonio como la imagen de su esposa; por el otro, Adriana quisiera tener una vida más excitante que la que vive al lado de su esposo. Ante esta falta de cumplimiento de expectativas, en especial Adriana ha buscado otras actividades que la satisfagan. Carlos se aferra a que las cosas no cambien, sino que sigan igual. La ventaja que tiene esta pareja es el modelo que Adriana tiene internalizado sobre el matrimonio, pues sus padres permanecieron juntos todo el tiempo a pesar de los problemas que tuvieron. Por otro lado, está el temor que ella siente cuando Carlos se enoja.

Intervención terapéutica

El terapeuta decidió dejar de lado la investigación sobre si Adriana le había sido infiel o no a Carlos. No tenía caso saber la "verdad" de la situación, debido a que podría generar más problemas para la pareja. En lugar de centrarse en el "problema", decidió buscar las posibles soluciones. Por separado, se les pidió que hicieran una lista de las expectativas que tenían en su vida y en su matrimonio. Una vez hecho esto, se discutieron dichas listas frente a ambos miembros de la pareja y se encontraron grandes diferencias, las cuales fueron puestas a la vista del otro. Pero la intervención consistió en plantear a la pareja los siguientes razonamientos:

a. Es muy difícil cumplir todas las expectativas que uno tiene en la vida. En general pretendemos que todas las expectativas se cumplan, pero no es terrible y catastrófico que algunas no se logren. Se quedan como algo que a uno le hubiera gustado tener o disfrutar, pero habrá que pensar que nuestra vida nunca es perfecta y que con muy pocas probabilidades tendremos todo lo que queremos.

b. Tenemos a nuestro lado, como pareja, a un ser humano, con todo lo que esto implica, es decir, una persona tal vez bastante imperfecta, con muchos defectos y algunas virtudes. A pesar de esto, también puede ser muy agradable vivir al lado de alguien a quien podemos amar, y ser felices con su compañía. En este caso, convencer a Adriana de que Carlos es el hombre a quien ella escogió como marido y que a pesar de todo, puede ser muy feliz con él si lo tolera. Por el otro lado, convencer a Carlos de las virtudes de su esposa respecto a las otras mujeres que ha conocido. Que es la madre de sus hijos y puede también ser feliz a su lado.

c. Para vivir feliz al lado de una pareja es necesario perdonar todo, olvidarlo y tratar de vivir lo mejor posible. Esto fue planteado por la posible infidelidad de Adriana, pero no se hizo de manera directa. Más bien se planteó tomando en cuenta otro tipo de problemas, como la falta de habilidad de Adriana para manejar los problemas con su hijo.

Una vez hecho lo anterior, que llevó siete sesiones, se llegó a un acuerdo conductual que ambos miembros de la pareja se comprometían a cumplir. Entre las cláusulas, Adriana se obligaba a tener mucho más "cuidado" en no ser tan ingenua en sus relaciones con los demás. Y Carlos prometió ser mucho menos violento y tratar de mostrar sus emociones de una forma mucho más civilizada, sin dejar de expresarlas. Específicamente esto se trabajó de modo particular, haciendo ensayos de entrenamiento conductual.

La terapia terminó cuando ambos pensaron que se había avanzado lo suficiente. El terapeuta alentó dicho final y quedó en que si se llegaba a tener algún problema que no pudieron manejar, volverían a acudir a terapia.

PAREJA 6
Adalberto y Claudia

Adalberto
Edad: 34 años.
Escolaridad: preparatoria.
Ocupación: encargado de almacén en una empresa que vende azulejos y artículos de plomería.
Horario: de lunes a viernes de 8 de la mañana a 5 de la tarde.

Claudia
Edad: 37 años.
Escolaridad: pasante de odontología.
Ocupación: desde que se casó, solamente se ha dedicado al hogar.
Años de casados: 16.
Hijos: una adolescente de 15 años, que está terminando la secundaria, y un adolescente de 13, que cursa el primero de secundaria.

Esta pareja procede de familias integradas, con padre y madre; sin embargo, Claudia es la mayor de seis hermanos, todas mujeres excepto el menor. Claudia se hizo cargo de sus hermanos ayudando a su madre a cambiar pañales, a cargar a las hermanas menores, etcétera. Amó profundamente a su hermano menor por ser hombre y fungió como la hija parental; la madre, si bien se hacía cargo de la familia y de los hijos, se apoyaba mucho en Claudia. Aun así, a pesar del trabajo hogareño, pudo estudiar con muchas dificultades una carrera profesional. Debido a las restricciones económicas que había en su casa (su padre era empleado federal y apenas ganaba lo suficiente), le costaba mucho trabajo comprar el material necesario para sus estudios. Sin embargo, era el orgullo de su padre cuando contaba a los demás que su hija estaba estudiando para dentista.

Claudia tuvo varios novios con quienes llegó a tener relaciones sexuales, pero no se involucró profundamente con ninguno. Consideraba que dos de sus grandes obligaciones era estudiar para complacer a su padre y ayudar a su madre en el quehacer hogareño. A pesar de esto, salía, tenía amigas y se divertía, aunque siempre con las restricciones que le imponía su padre, que nunca la dejó llegar tarde.

Ella conoció a Adalberto en el coro de una iglesia donde ambos participaban. Comenzaron a salir juntos y se hicieron novios. Duraron así cuatro años hasta que ambos empezaron a trabajar y tomaron la decisión. Durante su noviazgo nunca tuvieron relaciones sexuales, debido a que Claudia nunca lo permitió y consideraba una ofensa que su novio le hiciera una propuesta de este tipo. La familia de Claudia nunca estuvo muy de acuerdo con el novio, pues decía que ella debía buscarse un muchacho que tuviera una carrera profesional, pero la joven estaba tan enamorada que nunca hizo caso de este tipo de críticas. Se sentía orgullosa de su novio y lo llevaba en algunas ocasiones a sus clases en la universidad y, sin problemas, lo presentaba como su novio a todos. Esto hacía pensar a Adalberto que Claudia lo quería verdaderamente.

Cuando se casaron, comenzaron a tener problemas debido a que Adalberto tenía costumbres diferentes respecto a los quehaceres hogareños. Él consideraba que no era muy necesario tener la casa limpia y la urgía para que salieran al cine o a cualquier otra actividad. Al principio, Adalberto colaboraba en la limpieza, pero poco a poco se fue separando de todo esto. Con el tiempo se comportaron de una forma estereotipada de matrimonio: ella se hacía cargo del hogar y de los hijos y él trabajaba fuera de casa.

Claudia pensó que así estaba bien, pero con el tiempo comenzó a tener exigencias hacia su esposo cada vez más fuertes. Informa que empezó a sentirse explotada, echada a un lado y descontenta en general con la vida que lleva. Este resentimiento lo ha volcado hacia su esposo y ahora considera que tal vez su familia tenía razón y no debió haber dejado a un lado su carrera profesional para casarse y dedicarse completamente a sus hijos. Por un lado, dice que no se arrepiente, que quiere sinceramente a su esposo y mucho más a sus hijos, pero, por el otro, quisiera hacer otras cosas para desarrollar sus potencialidades como persona y como mujer.

Ante esto, Adalberto se desconcierta porque Claudia nunca fue tan exigente como ahora. Considera que cumple con todos los deberes como esposo: trabaja arduamente para mantener a su familia, es fiel, no bebe alcohol en exceso ni falta a su casa y ama mucho a su esposa. Es cierto que no ayuda para nada en los quehaceres hogareños, pero piensa que esto es una obligación de su esposa, la contribución que ella hace al hogar que los dos han formado.

Uno de los problemas que tienen es que los domingos Adalberto quisiera quedarse en casa, pues considera que trabaja mucho durante toda la semana y le encanta ver el futbol. En ocasiones invita a algunos amigos para ver por televisión un partido y tomar algunas cervezas, mientras que Claudia quisiera salir a comer fuera o sacar a pasear a los hijos. También estima que ha estado encerrada durante toda la semana en casa atendiéndola y que justo sería salir con toda su familia, aunque sea sólo el domingo.

Los desacuerdos han sido cada vez más fuertes y cada uno considera que el otro estorba a propósito sus buenas intenciones de llevarse bien. Un ejemplo es, nuevamente, algunos domingos. La versión de Claudia es que, como entre semana no puede verse e interactuar toda la familia, entonces prepara un desayuno especial durante el cual puedan convivir. Saca la vajilla de lujo, pone un mantel limpio y elegante y hace un almuerzo en forma. En cambio, Adalberto ha decidido salir a correr con sus hijos y dice a Claudia que sólo tomarán un jugo de naranja. Ante esto, ella se enoja muchísimo y acusa a su marido de sabotear sus buenas intenciones de unir a su familia. La versión de Adalberto es que a él le gusta mucho interactuar con sus hijos, compartir un rato de deporte, platicar de sus inquietudes, llegar a intimar con ellos. Y ¿qué ocurre entonces? Que su esposa le obstaculiza completamente esta integración porque de seguro quiere tener el control de sus hijos y trata de forzarlo a no salir, preparando un desayuno para distraer sus buenas intenciones.

Otro problema importante que tienen es por la limpieza de la casa. Claudia se considera explotada por su esposo y sus hijos, quienes llegan de la escuela y dejan por ahí su ropa, no la ponen en el cesto después de bañarse, toman un vaso de agua y lo dejan donde sea. En especial, el problema con Adalberto es que se lava los dientes y deja muy sucio el lavabo, aplasta la crema dental por en medio, deja sus zapatos tirados en la sala, etcétera. Cuando Claudia encuentra este tipo de cosas, se pone histérica, grita, dice que nadie la considera y que no deberían ser así con ella. Los hijos se rebelan en ocasiones y también le gritan, lo cual genera un pleito familiar. Por su parte, Adalberto a veces se queda callado y otras le grita igualmente, pero estima que su esposa tiene una conducta obsesiva, enferma e insoportable. A partir de estos pleitos, acudieron a terapia.

Análisis funcional

El problema de esta pareja surge a partir de la definición rígida de roles en la relación. Adalberto cree que cumple su papel de buen esposo, y la rigidez de su papel no le permite cuestionarse sobre si lo que está haciendo es funcional o no. Moral y socialmente lleva a cabo lo correcto y con esto es suficiente para sentirse satisfecho. De manera automática, según él, su esposa debería considerar esto de la misma forma que él, y sentirse satisfecha y feliz con el tipo de familia y marido que tiene. Ni siquiera se le ocurre pensar que tal vez si modifica un poco su rol, las cosas podrán componerse.

Por su parte, Claudia se casó completamente enamorada de su esposo, con grandes expectativas de las que se cumplió sólo una parte. Se casó pensando en que el amor que le tenía a él y, posteriormente, a sus hijos bastaría para soportar o modificar la conducta de los demás. Sin embargo, con el paso del tiempo, al mirar las cosas desde una perspectiva más objetiva, se dio cuenta de que el lugar donde ella se colocó, no fue el mejor. Esto le creó un gran disgusto porque era algo que le habían advertido muchas veces; pero, por otro lado, sentía que había hecho lo que había querido: tener hijos, una familia, marido y una posición de mujer decente; por el otro, se enfrenta al hecho de que no pudo desarrollarse como profesionista y ahora es una mujer dependiente económica, emocional y socialmente. Esta situación paradójica y contradictoria le causa mucha angustia, por lo cual su carácter se volvió cada vez más explosivo y huraño tanto con sus hijos como con su marido. Al mismo tiempo, al ser así, le crea más angustia porque verdaderamente quiere a sus hijos y a su esposo. Todas estas hipótesis sobre los sentimientos de Claudia fueron corroboradas durante la terapia individual.

El nivel de comunicación que existe entre ambos miembros de la pareja es bajísimo: ninguno de los dos escucha al otro. Cuando uno comienza a plantear su punto de vista, el otro inmediatamente cierra sus oídos y empieza a pensar en la forma como va a responder para deshacer dichos argumentos. Todo lo que el otro dice es de mala voluntad, por lo que, automáticamente, es descartado sin ser analizado o sin llegar a pensar en la sinceridad del otro. Esto crea un círculo vicioso, en que las buenas intenciones de uno son descartadas inmediatamente por el otro. En este punto, el círculo vicioso no se ha podido romper y la pareja se hunde cada vez más en él a pesar de que los dos han intentado, de buena voluntad, arreglar la relación.

Intervención terapéutica

Dado el análisis funcional que se hizo de este caso, procedía entrenar las habilidades de que carecen estos pacientes. En términos generales, el plan de intervención fue el siguiente:

1. *Entrenamiento en habilidades de comunicación*. Durante este entrenamiento, primero se les pedía que cada uno de ellos planteara alguna idea sin carga emocional y que el otro pudiera repetirla con sus propias palabras. Esto costó un poco de trabajo, porque era evidente la falta de costumbre que cada uno tenía de poner atención a lo que el otro decía, entenderlo y luego repetirlo. Después, poco a poco, los puntos que los pacientes exponían se fueron haciendo cada vez más referentes a las situaciones que les conciernen. Uno de los ejercicios consistía en que A debía ponerse en el lugar de B, pensar como éste y dar los argumentos de por qué B decía lo que afirmaba. Nuevamente esto les costó mucho trabajo debido a su inveterada costumbre de ver las cosas sólo desde su propia perspectiva.

2. *Entrenamiento en terapia racional emotiva*. Esta modalidad de terapia se proporcionó al principio en forma individual y solamente las últimas dos sesiones se hicieron en pareja. Se les explicaron los fundamentos de la terapia, en la cual se les informó acerca de las verdaderas razones de nuestras emociones y luego se les entrenó a reconocer las ideas irracionales que tenían y a modificarlas. Este tipo de terapia es complicada porque los sujetos no están acostumbrados a cuestionar sus propias ideas, por lo que se requiere la habilidad del terapeuta para convencerlos.

3. *Entrenamiento asertivo*. En esta forma de terapia, se les proporcionó de manera formal entrenamiento para reconocer los derechos tanto propios como del otro y a expresar sus emociones de modo socialmente adecuado. Esta modalidad se llevó a cabo en pareja porque era necesario el concurso de los dos para lograr el entrenamiento.

Las sesiones de terapia que se necesitaron en este caso fueron muchas. Aproximadamente la terapia completa constó de ocho meses, durante los cuales se llevó a cabo terapia individual, sobre todo con Claudia, y alrededor de 70% fue terapia de pareja. La terapia terminó a instancias del terapeuta, quien sugirió que las cosas estaban en ese momento lo suficientemente estables para dejar las cosas ahí. La pareja estuvo de acuerdo.

PAREJA 7
ESPERANZA Y TOMÁS

Esperanza
Edad: 21 años.
Escolaridad: primer semestre de la carrera de administración de empresas.
Ocupación: hogar y estudiante.

Tomás
Edad: 23 años.
Escolaridad: secundaria.
Ocupación: carpintero, trabaja en el taller de su padre.
Horario: debido a las condiciones de su trabajo, no tiene un horario específico.
Hijos: un varón de cinco años y una niña de tres, ambos cuidados por los padres de Esperanza.

Ambos miembros de la pareja proceden de una clase social baja, pero también de familias integradas con padre, madre y hermanos. El padre de Esperanza era alcohólico, pero responsable en su trabajo. Bebía casi todos los fines de semana con sus amigos y en ocasiones se gastaba todo el dinero que le pagaban, dejando a la familia virtualmente sin comer. La madre tenía que lavar ropa ajena para mantener a su familia y ayudar a su sostén; sin embargo, Esperanza dice que no se la pasaban tan mal porque su padre jamás dejó de trabajar y de ser responsable, por lo cual las ocasiones en que no había nada de dinero en realidad eran pocas.

Esperanza fue la mayor de sus hermanas y sus padres tenían puestas en ella muchas expectativas de que terminara una carrera. Pero conoció a Tomás, de quien se enamoró perdidamente, tuvo relaciones sexuales con él desde los 15 años sin precaución y terminó embarazándose. Esto causó una gran desilusión en sus padres, quienes, a pesar de esto, la han seguido apoyando económica y moralmente. Por el embarazo, decidieron casarse y se fueron a vivir a casa de los padres de Tomás. Pero esto causaba muchos problemas, debido a lo reducido del espacio, así que decidieron buscar otro lugar donde vivir. Encontraron un cuarto en una casa particular, donde comparten el baño, pero Esperanza se sintió mucho mejor. Siguió estudiando a pesar de las protestas y reclamos de Tomás. Cuando se casaron, Tomás estuvo de acuerdo en que siguiera estudiando, pero en los hechos siempre la obstaculizó. Desde que tuvo a su hija, su madre la ha cuidado para que ella siga asistiendo a la escuela; terminó así la secundaria, el bachillerato y actualmente está en el primer semestre de licenciatura. Decidieron tener otro hijo porque consideraban que dos era el número ideal; los padres de Esperanza se opusieron, pero nada pudieron hacer. Por todas sus actividades, Esperanza casi nunca se ha hecho cargo de su casa, la cual se encuentra generalmente sucia y tirada, de lo cual Tomás se queja mucho.

Tomás es el sexto de ocho hijos. Fue un niño sin problemas en la escuela, con buenas calificaciones y buena conducta. Sin embargo, al entrar a la adolescencia, siguió los pasos de sus hermanos, que dejaron de estudiar y comenzaron a beber y fumar. Al dejar la escuela aprendió el oficio de su padre, con el que le ha ido relativamente bien, porque tiene buena clientela y es hábil para hacer muebles. Pero es muy amiguero y se va con ellos a tomar, aunque nunca deja de trabajar.

Por un lado, Tomás se queja mucho de la limpieza de la casa y de que todo se encuentra tirado y no es atendido. Por el otro lado, Esperanza se queja de que en ocasiones Tomás se "larga" con sus amigos y no regresa sino hasta el otro día, dejándola sola. Las quejas también vienen del terreno sexual, ya que Esperanza en muchas ocasiones, cuando está enojada con él, se niega a tener relaciones con Tomás. La frecuencia de las relaciones ha descendido mucho: recién casados las tenían casi todos los días, pero actualmente sólo las tienen una vez por mes. Esperanza dice estar cansada de la casa y de la escuela, por lo que en la noche sólo tiene ganas de dormir. Todo esto provocaba pleitos, en los que los dos gritaban y se exigían uno al otro atención, sexo, limpieza, dinero, en fin.

Accedieron a acudir a terapia por sugerencia de la madre de Esperanza. Ambos se encontraban un poco reacios, pero lo aceptaron cuando el terapeuta les explicó que la culpa de lo que ocurría no era de uno o del otro, sino de los dos y que tenían que asumir esa responsabilidad.

Análisis funcional

Las habilidades de relación interpersonal de los dos miembros de la pareja son mínimas, pues cuando se casaron, aún se encontraban en una fase de indiferenciación muy alta respecto a su familia de origen, lo que les hacía demasiado dependientes uno de otro. Esperanza exige a Tomás que satisfaga sus necesidades emocionales, sin dar nada a cambio. Aun casada, la dependencia de ella hacia sus padres ha sido grande, quienes siguen manteniendo sus estudios pensando en que debe tener una carrera profesional y así obtener un mejor empleo. Ésta es una situación paradójica, porque, por un lado, la intención final de los padres de Esperanza es que ella sea económicamente independiente, pero al mantenerle los estudios y apoyarla en todo la siguen haciendo dependiente. Esperanza es una persona muy dependiente tanto de sus padres como de su esposo.

Tomás se encuentra emocionalmente en las mismas condiciones: está dispuesto a tomar la parte agradable del matrimonio, pero no las responsabilidades. A pesar de que es buen trabajador, considera que su familia y su esposa se hallan bien en manos de sus suegros, quienes se hacen cargo de ellos. A Tomás también le gusta reclamar y solicitar atención, limpieza y sexo, pero, al igual que Esperanza, no está muy dispuesto a poner de su parte para que las cosas vayan mejor.

Ambos miembros de la pareja son personas emocionalmente dependientes que esperan que el otro satisfaga sus necesidades. Como esto no ocurre, se enojan, gritan y reclaman. Cuando uno se encuentra de mal humor, también exige que el otro cambie su estado y que se ponga de otro humor; es decir, el estado emocional de Esperanza depende completamente del estado emocional de Tomás y viceversa.

Intervención terapéutica

Como resultado del análisis funcional realizado, se plantearon las siguientes líneas de intervención:

1. *Terapia racional emotiva.* En este caso se destacó la terapia en el sentido de que cada uno de nosotros es responsable de sus propias emociones. Se puede solicitar al otro que modifique algún comportamiento, pero esto no tiene por qué alterar nuestros estados de ánimo. Se aplicó la técnica del abc: se les pidió que hicieran una lista de las situaciones que les provocaban coraje, ira, tristeza o cualquier otra emoción desagradable, y luego se les enseñó a identificar los estados emocionales que les provocaban estas situaciones. La parte más difícil fue identificar las ideas que causaban dichas emociones. Una idea irracional es aquella que no tiene un fundamento empírico, que nos hace sentir mal, que no soluciona las cosas y que tiende a empeorarlas. Cada situación que señalaron fue analizada y discutida minuciosamente con la finalidad de que manejaran de mejor manera su estado de ánimo.

2. *Entrenamiento asertivo.* Como esta pareja tendía a discutir abiertamente sus problemas, se consideró que no había necesidad de un entrenamiento en niveles de comunicación, sino que debían expresar sus puntos de vista de una forma más adecuada. Igualmente se hizo una lista de los derechos de cada miembro de la pareja y de los hijos. Cada uno de ellos encontró que había algunos derechos que no respetaban, lo cual les permitió descubrir que había una serie de cosas que uno no hacía por el otro.

3. *Acuerdo conductual.* Se estableció un acuerdo en el que se especificaban algunas actividades que se comprometían a hacer

dentro de la casa. Por ejemplo, limpiar la casa, solicitar ayuda para lo mismo y ayudar a mantenerla en ese estado. Por su parte, Tomás se comprometió a no faltar a la casa y espaciar mucho más sus salidas con sus amigos. De esta manera, se llevó a cabo una completa restructuración en la forma de ver y abordar el matrimonio: como una empresa que puede proporcionar un conjunto de placeres, pero en la cual también hay un conjunto de obligaciones para mantenerla.

En este caso, la terapia continuó por poco más de un año, durante el cual se trabajó detalladamente en las exigencias de uno hacia el otro. Se les planteó una terapia de maduración, en la cual los dos tenían que asumir el papel que les correspondía, pensando además en su papel de padres. Esperanza continuó estudiando, pero de una forma más independiente de sus padres: buscó de qué modo sus padres fueran menos responsables del cuidado de sus hijos y ella pudiera tener más tiempo para compartir con ellos.

PAREJA 8
Alberto y Alicia

Alberto
Edad: 47 años.
Escolaridad: licenciado en informática.
Ocupación: profesor en una universidad privada.
Horario: tiene un horario más o menos flexible, pero va a la universidad tanto en la mañana como en la tarde.

Alicia
Edad: 48 años.
Escolaridad: licenciada en derecho.
Ocupación: trabaja en el departamento legal de un banco.
Horario: entra a las nueve de la mañana y sale a las seis de la tarde, aunque en ocasiones, cuando hay mucho trabajo, tiene que quedarse hasta más tarde.
Hijos: Tres, que actualmente son mayores de edad y relativamente independientes: el mayor, un varón de 27 años y completamente independiente; una hija de 25 años, licenciada en mercadotecnia, que trabaja y tiene un auto propio; y el menor, de 20 años, que cursa una carrera profesional.

Alicia y Alberto son una pareja en plena madurez con 28 años de casados. Se casaron sin tener nada, económicamente hablando, y a base de mucho esfuerzo y dedicación terminaron sus estudios y han progresado. Vistos desde fuera, se puede decir que son una pareja completamente exitosa: ambos tienen una buena carrera profesional, hijos que se han dedicado al estudio, un hijo casado en un buen matrimonio, etcétera. Sin embargo, acudieron a terapia debido a que sus relaciones sexuales se han visto muy disminuidas; además, Alicia se queja de que Alberto está "deprimido", con falta de energía, triste y sin ganas de hacer cosas.

Tanto Alicia como Alberto proceden de familias integradas. Alberto es de provincia y llegó a la ciudad de México, donde, con grandes esfuerzos y dedicación, empezó a estudiar. En el grupo de amigos que tenía conoció a Alicia, y después de algún tiempo se hicieron novios. Fueron la pareja inseparable durante sus estudios de licenciatura. Él fue bien recibido por toda la familia de ella y solamente con su suegro mantenía cierta distancia, que se resolvió en cuanto se casaron.

A pesar de una ligera oposición de ambas familias, la pareja decidió casarse antes de terminar la carrera. Esto implicó un gran esfuerzo de los dos, quienes comenzaron a trabajar y apenas podían sostenerse. Cuando nació el primer hijo, la familia de Alicia tuvo que hacerse cargo del pequeño hasta que consiguieron una guardería. Alberto se hizo cargo de los niños cuando Alicia tenía que estudiar o trabajar, de manera que considera haber disfrutado de la infancia de sus hijos.

Cuando peleaban, generalmente lo hacían de una forma más o menos tranquila. Jamás se plantearon separarse o divorciarse; terminaban reconciliándose y perdonándose mutuamente, por lo que consideran que han tenido un buen matrimonio.

Los problemas iniciaron cuando sus hijos comenzaron a independizarse. Alberto empezó a distanciarse de Alicia, lo cual provocó los celos de ésta. Lo acusaba de tener otra relación con alguna de sus alumnas mientras ella pasaba mucho tiempo trabajando o al cuidado de su casa. De hecho, Alberto confesó haber tenido algún amorío con una alumna, algo intrascendente y que pasó sin dejar huella. Todos estos problemas se discutían y resolvían en pareja, por lo que los hijos siempre permanecieron ajenos a ellos. Ante las familias de origen, siempre se mostraron como una familia amorosa, integrada y sin problemas.

A raíz de lo que reportaron, el terapeuta solicitó a Alberto que le practicaran un examen médico para descartar problemas de tipo físico. En dicho examen se demostró que tenía un poco alto el colesterol y los triglicéridos, pero nada que una dieta y algún medicamento no pudieran resolver. Asimismo, se envió a un examen médico a Alicia, a quien se encontró completamente sana. Una vez descartado un problema de salud, se comenzó a hacer la evaluación psicológica, principalmente por medio de la entrevista.

Análisis funcional

Alberto y Alicia forman una pareja bastante funcional. Durante sus primeros años de casados tuvieron las habilidades para afrontar los problemas que se les presentaron, los cuales resolvieron con eficacia. Al pasar los años se involucraron en diversas actividades que dieron sentido a su vida y a su matrimonio: la crianza de sus hijos. Alberto se hacía cargo de llevar a los hijos a la escuela, darles de comer; Alicia se encargaba de la comida, la ropa, la limpieza de la casa; organizaron las actividades de crianza de una forma eficiente y funcional para toda la familia. Pero se involucraron en ello de tal manera que perdieron la perspectiva de la pareja. Centraron el sentido de su vida en la crianza de sus hijos y cuando esto se acabó, se quedaron vacíos. Al pasar el tiempo, dichas actividades se terminaron y actualmente Alberto y Alicia se encuentran frente a frente, juntos y sin nadie con quien triangular la relación.

Alberto ha sido el más afectado con este cambio, tiene más tiempo libre y se siente solo cuando llega a casa y no encuentra a nadie; se ha estancado en su labor docente, que no tiene muchas perspectivas de cambio. Ante esto, Alberto ha comenzado a perder el interés por las cosas y ha caído en una leve depresión. A su vez, Alicia ha resultado un poco menos afectada porque comenzó a involucrarse cada vez más en su trabajo, donde pone todo su tiempo disponible. Incluso, se siente liberada de sus obligaciones maternales y siente que puede desarrollarse mucho mejor como profesional.

Éste es el clásico síndrome del "nido vacío", donde los integrantes de la pareja se han quedado sin motivos para hacer su vida, dado que los hijos han "volado del nido". Los problemas de esta pareja, como casi siempre ocurre, comenzaron con los cambios que el crecimiento de los hijos causó. Ahora sienten una falta de necesidades que cubrir, a las que estaban acostumbrados.

Intervención terapéutica

Dadas las condiciones actuales de esta pareja y a partir del análisis funcional propuesto, se planearon los siguientes pasos de intervención.

1. *Restructuración de metas de vida.* A ambos miembros de la pareja se les pidió que por escrito hicieran una lista de las metas que tenían planteadas a corto, mediano y largo plazos. Se les pidió que hicieran metas a uno, cinco y 10 años, en tres columnas. Con esto, ambos descubrieron nuevos intereses. Alberto se dio cuenta de que siempre había querido hacer un posgrado, que había pospuesto por falta de tiempo. Querían hacer un viaje por Europa, ahora que tenían tiempo. Una vez hecha la lista, se estableció la prioridad de las metas y los recursos que eran necesarios para que éstas se cumplieran. Esto dio como resultado una gran cantidad de actividades por realizar, desde la consecución de recursos hasta la realización de las metas a más largo plazo.

2. *Entrenamiento en comunicación.* Como Alicia y Alberto eran una pareja funcional, pero que había caído en la rutina, era importante restablecer las habilidades de comunicación que tenían. Por lo tanto, se les pidió que cada uno se pusiera en el lugar del otro, y desde ahí discutiera y argumentara cuáles eran sus necesidades y las razones de éstas. Esto les permitió conocer mejor al otro con la finalidad de comprenderse más. A pesar de los largos años que llevaban casados, descubrieron que conocían relativamente poco al otro, gracias a lo cual se acercaron más en lo emocional.

3. *Entrenamiento en habilidades sexuales.* Como esta pareja había caído en la rutina, fue necesario hacer un rentrenamiento para que comenzaran a tener más interés en sus relaciones sexuales, ahora que tenían más tiempo para ello. Se llevó a cabo el clásico entrenamiento de focalización sensorial de Masters y Johnson, en

el que a la pareja se le prohíbe por unos días las relaciones sexuales con la finalidad de incrementar la tensión sexual. Después se continúa con algunas sesiones de besos y caricias completamente vestidos. En seguida se va avanzando en el cumplimiento total de la relación sexual, poco a poco, hasta que se consigue. Durante estas sesiones, uno de ellos estimula al otro, quien va guiando las zonas, la intensidad y el tipo de caricia que solicita. Esto hace que exista un redescubrimiento de la sexualidad del otro, quien se hace cargo de informarle qué exactamente quiere y cómo. Todo esto se hace hasta conseguir que tengan una relación sexual plena y total.

Todo el tratamiento tuvo una duración aproximada de un año, tiempo en el que la pareja avanzó poco a poco en las metas de la terapia. Se tuvieron sesiones individuales y de pareja para tratar los diversos problemas que se planteaban. Hubo más sesiones individuales con Alberto, quien requería una reflexión completa acerca de su vida tanto familiar como profesional y los pasos que ahora, ante la nue-va situación, tenía que plantearse. A petición de esta pareja, se les continuó viendo mensualmente durante otro año para reforzar los avances conseguidos. Después se les planteó una sesión cada dos meses, luego cada tres y se les dio de alta.

Capítulo 7

Conclusión

A manera de conclusión, enumeraremos una serie de principios básicos de la relación de familia y de pareja de los que se debe partir para realizar un análisis de la problemática de pareja.

1. Todos los miembros de la familia cubren algunas necesidades emocionales de los demás. Cada uno de los miembros de la familia tiene sus propias necesidades emocionales. La principal necesidad emocional del ser humano es la relación que establece con los demás, porque en ellos se refleja a sí mismo, y tiene la necesidad de hacerlo. Cuando un niño nace, aparte de sus necesidades físicas, también tiene grandes necesidades emocionales que generalmente cubren los padres. Pero cada uno de los padres también tiene grandes necesidades emocionales, las cuales cubre en forma completamente diferente. Cada persona cubre sus necesidades emocionales de manera diferente. Cuando alguien hace sacrificios por un hijo, en realidad lo hace por sí mismo, y proyecta su vida hacia el futuro e intenta provocar que éste siga una dirección determinada por él mismo.

Desde que nace un hijo, se proyectan sobre él una serie de expectativas y a lo largo de su crecimiento, en forma más o menos automática, se va alentando una dirección predeterminada por los padres, la familia y la sociedad (Hazan y Shaver, 1987; Ijsendoorn, 1995). Esta transmisión se da de un modo muy complejo, por ejemplo Larson y Gillman (1999) y Almeida, Wethington y Chandler (1999) describen la forma como se da la transmisión de emociones, que es la parte más importante de la transmisión intergeneracional. Cuando un hijo se desvía de este camino, en ocasiones, cuando los padres son poco diferenciados, se genera una gran cantidad de estados emocionales, tales como ira, coraje, resentimiento, entre otros. Se intenta por todos los medios (pero generalmente los medios están muy cargados de emociones negativas) que el hijo recupere el camino prestablecido por los padres. Cuando éstos son muy indiferenciados, utilizando el concepto de la banda de comodidad, los padres no permiten que el hijo se desvíe un solo milímetro de lo prestablecido. Al hacer esto, se genera una gran cantidad de tensión dentro de la familia y tanto los padres como los hijos caen en estados psicopatológicos. Cuando los padres tienen alguna cantidad de diferenciación, permiten, igualmente dentro de ciertos límites, aunque en forma más amplia, dentro de una banda más ancha, que los hijos tengan un rango razonable de libertad para escoger su propia forma de ser. Pero el punto importante aquí es que la familia es un sistema del que todos toman cierta ventaja para cubrir sus propias necesidades emocionales. Nadie se salva de este principio.

Por otro lado, en las relaciones de pareja, cada uno de los miembros cubre las necesidades emocionales del otro. De esta manera se establece el vínculo de pareja. El problema surge cuando el otro no cubre adecuadamente dichas necesidades. Cuando esto ocurre, en una persona poco diferenciada, se presiona para que se comporte de acuerdo con sus expectativas. Como existe una gran urgencia para cubrir esta necesidad emocional, la persona indiferenciada lo hace de una manera poco razonada, con lo que se crea una serie de problemas. La petición de cambio es muy fuerte, muy exigente y muy precisa pero se hace de una forma confusa, lo que ocasiona que el otro nunca cumpla con esta precisión las exigencias del otro. Debido a esto, los problemas maritales se convierten en crónicos e interminables. Y como generalmente una persona indiferenciada se casa con otra que tiene el mismo nivel de indiferenciación, el otro hace exigencias igualmente precisas, perfeccionistas y expresadas en forma confusa, lo que le agrega confusión y complejidad al problema.

2. Los conflictos intrapsíquicos provenientes de la familia de origen se repiten, se reviven, se crean defensas contra ellos o se superan en la relación con el cónyuge, los hijos o cualquier otro ser íntimo. Estos conflictos no se van dando en forma lineal, sino que se van transformando y cambiando con el tiempo (Hare, Canada y Lim, 1998, Kinsman, Wildman y Smuker, 1999). En ocasiones empeoran y en ocasiones mejoran. Estos conflictos siempre existen por-

que todos los seres humanos los tenemos, algunos en forma más o menos manejable, sin muchas consecuencias y otros con muchos problemas y secuelas. Pero la forma como se presentan es por medio de las relaciones íntimas que se establecen dentro de la familia y se desarrollan por medio de la pareja, los hijos, los padres, los hermanos y demás parientes (Kaufman y Uhlenberg, 1998; Kirkpatrick y Davis, 1994). El hecho de que alguien tenga dentro de su familia la figura del padre y de la madre, no significa que son una familia sana. La sanidad se encuentra más en función de unos adultos lo suficientemente diferenciados para permitir que el niño crezca dentro de un ambiente estructurado, al mismo tiempo que libre para expresarse. De aquí la importancia de realizar investigación en el campo de la familia, la cual determina en gran medida la personalidad de los miembros que la componen. Cada familia crea un estilo particular para afrontar, resolver y priorizar los problemas que se le presentan. Cada familia tiene una forma particular de darle importancia a los problemas. Por ejemplo, algunas familias se relacionan de una forma particular con el dinero, la salud y la educación de los hijos. Para unas, algunos aspectos son demasiado importantes y, para otras, no tanto. Y cada uno de estos estilos es transmitido a los hijos, lo que determinará en gran medida su futuro comportamiento.

3. La principal necesidad humana que sirve como motivación es la relación humana satisfactoria. Cubrir esta necesidad es una de las tareas primordiales de los seres humanos en su desarrollo psicológico y social. Se busca cubrir esta necesidad a través de todas las relaciones significativas que se establecen; pero las relaciones que más cercanas se tienen son las que se establecen con la familia, específicamente con la pareja y los hijos (Bartle-Haring y Sabatelli, 1998; Morgan y Wilcoxon, 1998; Suddaby y Landau, 1998), aunque también se establecen dentro de cualquier círculo social, como el trabajo, los amigos, las relaciones con el sexo opuesto, etcétera. En todas las relaciones intentamos dar una imagen positiva que nos cree un aura de seres positivos y seguros de nosotros mismos. Esta necesidad es el centro de la autoestima. Cuando una persona siente que se ha lastimado su autoestima en una relación determinada, es porque esta necesidad no se ha cubierto. Cuando una persona

siente que su ego crece, es porque esta necesidad emocional se ha cubierto satisfactoriamente. Luego entonces, gran parte de la investigación de la emocionalidad del ser humano debería dirigirse a esta línea de investigación.

Dentro de los conflictos maritales, este aspecto es muy importante. Se espera que el otro haga cosas que demuestren la importancia que se tiene de uno. Cuando esto no ocurre, la autoestima se ve lastimada y se crea una serie fuerte de emociones tales como el coraje, la ira, la decepción, etcétera. Por ejemplo, cuando se descubre una infidelidad, lo que se ve primordialmente lastimado es la autoestima. El engañado se pregunta el porqué de la baja importancia que el otro le otorga. Se pregunta las características que el rival tendrá para atraer a su pareja y se mira a sí mismo en una condición completa de desventaja.

Pero lo mismo ocurre en casi cualquier problema de pareja. La autoestima se mete en cada problema y sale siempre lastimada. Uno espera que el otro siempre se comporte de tal forma que demuestre que pone a su pareja en primerísimo lugar. Un problema adicional es que en muchas ocasiones las personas no tienen claro lo que esperan de su pareja, y esto les crea confusión a ellas mismas y mucha más confusión a su pareja. Uno de los papeles de la psicoterapia es exactamente esta, aclarar con mayor precisión lo que espera del otro cada uno de los miembros de la pareja. Además, crear un nivel mayor de tolerancia cuando el otro no hace lo que se espera.

4. El establecimiento del vínculo con los demás y el tipo de vínculo determinan en gran medida las relaciones que establece el ser humano con los demás y en especial con su pareja. El ser humano, como ser social, vive en relación con los demás, y esta relación y la forma como se da influyen en la manera como se establecen las relaciones con la familia. La forma como estableció su vínculo con los padres y las personas significativas determina en gran medida la forma como establecerá su relación con su pareja y posteriormente con sus hijos. Esta determinación estará matizada por otro tipo de variables, como los compañeros, la escuela, los profesores, etcétera. Pero definitivamente esta variable es muy importante. Todo

esto, dentro de la teoría de Bowlby (1993), ya discutida y presentada en este libro.

5. Se efectúan intentos inconscientes para modificar las relaciones íntimas a fin de obligarlas a amoldarse a los modelos de rol internos –problema central de las dificultades conyugales. Por esto las personas no alcanzan a explicarse el porqué de sus fracasos para establecer un vínculo emocional productivo y emocionalmente satisfactorio, como ocurre con las personas con problemas emocionales graves. Pero tampoco esto es claro con las personas que permanecen relativamente sanas. La vida de la mayoría de las personas transcurre de una forma más o menos automática e inconsciente; no se detienen a reflexionar si determinada acción o emoción está de acuerdo con lo que está ocurriendo, sino que se dan en forma espontánea, a partir de un aprendizaje previo que se da generalmente en la infancia (Gottman y Levenson, 1999a y b). Solamente cuando estas reacciones son demasiado problemáticas o son identificadas como tales por la familia o la sociedad en que se desarrollan, es cuando uno se hace consciente de estas emociones y se propone un cambio. Pero, en general, las personas tienden a acomodar su visión de las cosas de tal modo que piensen que las cosas están bien; piensan que su relación con su pareja carece de conflictos, o que los conflictos son normales y manejables, que simplemente aman a sus hijos y que esto es suficiente para que las cosas vayan bien (Surra, 1990). Se tiende a negar las emociones desagradables o a verlas como normales sin darles su debida dimensión. Esto es un mecanismo de defensa que le permite al sujeto desarrollarse en su medio sin estar continuamente en conflicto. Por ejemplo, en muchas ocasiones los padres no se dan cuenta del maltrato al que someten a sus hijos en diversas formas: si una madre siempre lleva tarde a su hijo a la escuela, ésta es una forma de maltrato. En ocasiones no los atienden en su salud y bienestar como razonablemente debiera ser. Por ejemplo, una madre que saca de casa durante horas a su bebé y "no se le ocurre" llevarle pañales, permaneciendo éste mojado o sucio durante todo este tiempo; una madre que en la época de frío saca a su hijo y tampoco se le ocurre llevarle ropa de abrigo. En fin, hay infinidad de detalles en los que se observa que los padres no se dan cuenta de lo que realmente trans-

miten a sus hijos. Los padres simplemente piensan que están haciendo lo correcto y no ponen en duda absolutamente nada de su comportamiento.

6. Por lo general, las personas no eligen la pareja que quieren, sino que reciben la pareja que necesitan. La selección de pareja se da, como ya hemos mencionado, buscando cubrir de la mejor manera las necesidades emocionales de cada per-sona a partir de las vivencias tenidas en la familia de origen. Se "escoge" una pareja que, según espera el individuo, le permitirá eliminar, reproducir, controlar, superar, revivir o cicatrizar, dentro de un marco diádico, lo que no pudo saldarse internamente (Sharpsteen y Kirkpatrick, 1997; Tidwell, Reis y Shaver, 1996). La transmisión intergeneracional se sigue dando, porque estas relaciones que establecen con sus hijos afectan a los mismos, los cuales toman estos elementos para su posterior reproducción con su sello personal. De acuerdo con la crianza que uno haya tenido durante la infancia, crece con ciertas necesidades emocionales, como ya mencionamos anteriormente y, de acuerdo con estas necesidades, busca a la pareja que mejor las cubre. Del ambiente que rodea a la persona, se selecciona a la pareja que puede cubrir estas necesidades y se busca establecer una relación con ella. Cuando ambos miembros de la pareja tienen la sensación de que el otro cubrirá estas necesidades, generalmente deciden casarse. Los seres humanos no nos enamoramos de alguien que no cubra estas necesidades (Wang y Nguyen, 1995; Mikulincer, 1995; Mikulincer y Florian, 1999). Cuando alguien no tiene las características que se esperan, no surge lo que la gente comúnmente llama "química". Es decir, que esta persona no provoca ninguna emoción, a pesar de que tal vez cubre las expectativas sociales de belleza o de nivel social.

A partir del conocimiento de esta pequeña serie de principios, puede llevarse a cabo un análisis completo de la conflictiva familiar y de pareja. Y también a partir de esto puede planificarse una intervención psicoterapéutica que permita dar una alternativa de solución, tal y como se plantea en el capítulo anterior. Esto también da la pauta para la continuación de diversas líneas de investigación dentro de este campo de la psicología clínica.

Ainsworth, M.D.S., Blehar, M. C., Waters, E. y Wall, S., *Patterns of Attachment: A Psychological Study of the Strange Situation*, Holt, Rinehart and Winston, Nueva York, 1978.

Alexander, P.C., Moore, S. y Alexander III, E.R. "What is Transmitted in the Intergenerational Transmission of Violence", *Journal of Marriage and the Family*, núm. 53, pp. 657-668, 1991.

Almeida, D.M., Wethington, E. y Chandler, A.L., "Daily Trasmission of Tensions Between Marital Dyads and Parent-Child Dyads", *Journal of Marriage and Family*, núm. 61 (feb), pp. 49-61, 1999.

Amato, P.R., "Father-Child Relations, Mother-Child Relations, and Offspring Psychological Well-Being in Early Adulthood", *Journal of Marriage and the Family*, núm. 59, pp. 1031-1042, 1994.

Bandura, A., *Principios de modificación de conducta*, Desclée de Brouwer, Barcelona, 1970.

Bartholomew, K., "Avoidance of Intimacy: An Attachment Perspective". *Journal of Social and Personal Relationships*, núm. 7, pp. 147-178, 1990.

_____ y Horowitz, L.M., "Attachment Styles among Young Adults: A Test of a Four-Category Model", *Journal of Personality and Social Psychology*, núm. 61, pp. 226-244, 1991.

Bartle-Haring, S. y Sabatelli, R., "An Intergenerational Examination of Patterns of Individual and Family Adjustment", *Journal of Marriage and Family*, núm. 60 (nov.), pp. 903-911, 1998.

Bengston, V.L., "Beyond the Nuclear Family: The Increasing Importance of Multigenerational Bonds", *Journal of Marriage and Family*, núm. 63 (feb.), pp. 1-16, 2001.

Benson, M.J., Larson, J., Wilson, S.M. y Demo, D.H., "Family of Origin Influences on Late Adolescent Romantic Relationships", *Journal of Marriage and the Family*, núm. 55,pp. 663-672, 1993.

Berger, P.L. y Luckmann, T., *La construcción social de la realidad*, Amorrortu, Buenos Aires, 1995.

Bijou, *Desarrollo infantil*, Trillas, México, 1978.

Bowen, M., *La terapia familiar en la práctica clínica*, vols. 1 y 2, Desclée de Brouwer, Bilbao, 1989.

Bowlby, J., *A Secure Base: Parent-Child Attachment and Healthy Human Development*, Basic Books, Nueva York, 1988.

———, *El vínculo afectivo*, Paidós, 1993.

Bretherton, I., Attachment Theory: Retrospect and Prospect. *Monographs of the Society for Research in Child Development, 50,* núms. 1-2, pp. 3-35, 1985.

Campos, J.J., Barrett, K.C., Lamb, M.E., Goldsmith, H.H. y Sternberg, C., Socio-Emotional Development, pp. 783-915, en P.H. Mussen, M.M., Haith y J.J. Campos (eds.), *Handbook of Child Psychology, vol. II: Infancy and Developmental Psychobiology,* John Wiley & Sons, Nueva York, 1983.

Cassidy, J., "Child-Mother Attachment and the Self in Six Year Olds, *Child Development,* núm. 59, pp. 121-134, 1988.

Chen, Z. y Kaplan, H.B., "Intergenerational Transmisión of Constructive Parenting, *Journal of Marriage and Family,* núm. 63 (feb.), pp. 17-31, 2001.

Clark, C.A., Worthington, E.L. y Danser, D.B., "The Transmission of Religioys Beliefs and Practices from Parents to Firstborn Early Adolescent Sons", *Journal of Marriage and the Family,* núm. 50, pp. 463-472, 1988.

Covell, K., Grusec, J.E. y King, G., "The Intergenerational Trasmission of Maternal Discipline and Standards for Behavior", *Social Development,* núm. 4, pp. 12, 32-43, 1995.

Ellis, A., *Razón y emoción en psicoterapia,* Descleé de Brouwer, 1980.

Engels, F., *El origen de la familia, la propiedad privada y el estado,* Editorial Progreso, Moscú, 1972.

Fairbairn, W.R.D., *An Object relations Theory of the Personality,* Basic Books, Nueva York, 1952.

Feeney, J.A. y Noller, P., "Attachment Style and Verbal Descriptions of Romantic Partners", *Journal of Social and Personal Relationships,* núm. 8, pp. 187-215.

Framo, J.L., *Familia de origen y psicoterapia: Un enfoque intergeneracional.* Piados, Barcelona, 1991.

Gottman, J.M. y Levenson, R.W., "How Stable is Marital Interaction Over Time", *Family Process,* Núm. 38 (2) pp. 159-165, 1999.

———, "What Predicts Change in Marital Interaction Over Time? A Study of Alternative Models", *Family Process,* núm. 38 (2), pp. 143-158, 1999.

Haley, J., *Terapia para resolver problemas: nuevas estrategias para una terapia familiar eficaz.* Amorrortu, Buenos Aires, 1976.

———, *Trastornos de la emancipación juvenil y terapia familiar,* Amorrortu, Buenos Aires, 1980.

Hare, E.R., Canada, R. y Lim, M.G., " Application of Bowen Theory with a Conflictual Couple", *Family Therapy*, núm. 25 (3, pp. 221-226, 1998.

Hazan, C. y Shaver, P., "Romantic Love Conceptualized as an Attachment Process", *Journal of Personality and Social Psychology*, núm. 52, pp. 511-524, 1987.

Heuvel, A.V., " The Timing of Parenthood and Intergenerational Relations", *Journal of Marriage and the Family*, núm. 50, pp. 483-491, 1989.

Ijsendoorn, M.H., " Of the Way We Are: On Temperament, Attachment, and the Transmission Gap: A Rejoinder to Fox", *Psychological Bulletin*, núm. 117, (3), pp. 411-415, 1995.

Kaufman, G. y Uhlenberg, P., "Effects of Life Course Transitions on the Quality of Relationships between Adult Children and their Parents", *Journal of Marriage and Family*, 60 (nov), pp. 924-938, 1998.

Kinsman, A.M., Wildman, B.G. y Smuker, W.D., "Relationship Among Parental Reports of Child, Parent, and Family Functioning", *Family Process*, núm. 38 (3), pp. 341-351, 1999.

Kirkpatrick, L.A. y Davis, K.E., "Attachment Style, Gender, and Relationship Stability: A Longitudinal Analysis", *Journal of Personality and Social Psychology*, núm. 66, (3), pp. 502-512, 1994.

Kobak, R.B. y Hazan, C., "Attachment in Marriage: Effects of Security and Accuracy of Working Models", *Journal of Personality and Social Psychology*, núm. 60, pp. 861-869, 1991.

_____ y Sceery, A., "Attachment in Late Adolescence: Working Models, Affect Regulation, and Representations of Self and Others. *Child Development*, núm. 59, pp. 135-146, 1998.

Laing, R. y Esterson, A., *Cordura, locura y familia*, Fondo de Cultura Económica, México, 1986.

Larson, R. y Gillman, S., "Transmission of Emotions in the Daily Interactions of Single-Mother Families", *Journal of Marriage and Family*, núm. 61 (feb), pp. 21-37, 1999.

Lawson, D.M. y Brossart, D.F., "Intergenerational Transmisión: Individuation and Intimacy Across Three Generations", *Family Process*; núm. 40 (4), pp. 429-442, 2001.

Leakey, R.E., *El origen del hombre*. Consejo Nacional de Ciencia y Tecnología, México, 1981.

Levinger, G., "A Social-Psychological Perspective on Marital Dissolution", *Journal of Social Issues*, núm. 32, pp. 21-47, 1976.

Lewis, J.M. y Owen, M.T, "Stability and Change in Family-of-Origin Recollections over the First Four Years of Parenthood", *Family Process*, núm. 34, (4), pp. 455-469, 1995.

Linton, J., *Historia de la Familia*. Ariel, México, 1987.

McGoldrick, M. y Gerson, R., *Genogramas en la Evaluación Familiar.* Gedisa, Barcelona, 1996.

Mikulincer, M., "Attachment Style and the Mental Representation of the Self", *Journal of Personality and Social Psychology*, núm. 69 (6), pp. 1203-1215,1995.

_____ y Florian, V., "The Association between Parental Reports of Attachment Style and Family Dynamics, and Offspring's Reports of Adult Attachment Style", *Family Process*, núm. 38 (2), pp. 243-257, 1999.

_____ y Nachshon, O., "Attachment Styles and Patterns of Self-Disclosure", *Journal of Personality and Social Psychology*, núm. 61, pp. 321-331, 1991.

Moen, P., Erickson, M.A. y McClain, Dempser, "Their Mother's Daughters? The Intergenerational Transmission of Gender Attitudes in a World of Changing Roles", *Journal of Marriage and the Family*, núm. 59, pp. 281-293, 1997.

Morgan, J.Y. y Wilcoxon, S.A., "Fathers and Daughters: Recognizing the Significance", *Family Therapy*, núm. 25 (2), pp. 73-83, 1998.

Oliver, J.E., "Intergenerational Transmission of Child Abuse: Rates, Research, and Clinical Implications", *American Journal of Psychiatry*, núm. 15, 9, pp. 1315-1325, 1993.

Pistole, C.M., "Adult Attachment Styles: Some Thoughts on Closeness-Distance Struggles", *Family Process*, núm. 33, pp. 147-159, 1994.

Priest, L.A., Benson, M.J. y Protinsky, H.O., "Family of Origin and Current Relationship Influences on Codependency", *Family Process*, núm. 37 (4), pp. 513-523, 1998.

Sharpsteen, D.J. y Kirkpatrick, L.A., "Romantic Jealousy and Adult Romantic Attachment", *Journal of Personality and Social Psychology*, núm. 72 (3), pp. 627-640, 1997.

Simons, R.L., Beaman, J., Conger, R.D. y Chao, W., "Gender Differences in the Intergenerational Transmission of Parenting Beliefs", *Journal of Marriage and the Family, núm.* 54, pp. 823-836, 1992.

Skinner, B.F., *Ciencia y conducta humana,* Fontanella, Barcelona, 1998.

Suddaby, K. y Landau, J., "Positive and Negative Timelines: a Technique for Restorying", *Family Process*, núm. 37 (3), pp. 287-297, 1998.

Tidwell, M.C.O., Reis, H.T. y Shaver, P.R., "Attachment, Attractiveness, and Social Interaction: A Diary Study", *Journal of Personality and Social Psychology*, núm. 71 (4), pp. 729-745, 1996.

Vargas, J.J. e Ibáñez, E.J., "Análisis y reflexiones sobre la transmisión intergeneracional", *Revista Electrónica de Psicología Iztacala*, núm. 6 (1), 2002.

Verinis, J.S., "Maternal and Child Pathology in an Urban Ghetto", *Journal of Clinical Psychology*, núm. 32 (1), pp. 13-16, 1976.

Wang, A. y Nguyen, H.T., "Passionate Love and Anxiety: A Cross-Generational Study", *The Journal of Social Psychology*, núm. 135, pp. 459-470, 1995.

Watzlawick, P., *¿Es real la realidad? Confusión, desinformación, comunicación.* Herder, Barcelona, 1986.

Impresos Alba
Ferrocarril de Rio Frio 374
Col. Agricola Oriental